作者简介

张金宝

财务系统建设专家，金财时代教育科技（北京）有限公司董事长，老板财务精品课程《总裁财税思维》《老板利润管控》《财务体系》《股权财务体系》《资本财务体系》授课导师。

10年大型企业财务总监任职经验，央企财务信息化项目组研究员、总会计师协会特聘教授、注册管理会计师协会考试专家组成员、中国财务技术网创始人，“大财务”思想终身推动者。

曾为数万家民企及数百家大型企业提供财务顾问及咨询服务，包括一汽丰田、华为、伊利、邮储银行、华谊兄弟等企业。为 6 万多名企业家、财务总监做过财务教练。

已出版作品：《财务的力量：老板财务管控必修课》《财务的力量：民企财务规范5大体系》《财务的力量：老板财税规划100招》《财务的力量：老板财税风险故事集》《金财财税系统》工具包等。

◇《老板利润管控》课后合影

◇为企业做上市财务规划咨询

◇现场辅导学员构建财务系统

◇给《财税天下》获奖学员颁奖

◇为 200 多位企业家及财务人员讲《财税天下——财务系统微咨询》

• 民企老板财税规划书系 •

财务的力量

老板财务管控必修课

张金宝 | 著

THE POWER OF FINANCE

中国经济出版社
CHINA ECONOMIC PUBLISHING HOUSE

图书在版编目（CIP）数据

老板财务管控必修课 / 张金宝著. --北京：中国经济出版社，2020.6（2021.12 重印）

ISBN 978-7-5136-6057-0

Ⅰ.①老…　Ⅱ.①张…　Ⅲ.①企业管理—财务管理—研究—中国　Ⅳ.①F279.23

中国版本图书馆 CIP 数据核字（2020）第 036828 号

责任编辑　严　莉
责任印制　巢新强
封面设计　柏拉图

出版发行　中国经济出版社
印 刷 者　三河市天润建兴印务有限公司
经 销 者　各地新华书店
开　　本　880mm × 1230mm　1/32
印　　张　9
字　　数　158 千字
版　　次　2020 年 6 月第 1 版
印　　次　2021 年 12 月第 2 次
定　　价　58.00 元
广告经营许可证　京西工商广字第 8179 号

中国经济出版社 **网址** www. economyph. com **社址** 北京市东城区安定门外大街 58 号 **邮编** 100011
本版图书如存在印装质量问题，请与本社销售中心联系调换（联系电话：010－57512564）

序 言 | 财务的力量1：老板财务管控必修课

CAIWUDELILIANG

这是一本写给民营企业老板的书，专门用于财务普及和财务启蒙的读物。

在浙江时，有一位老板说："98%的民企老板连财务报表都看不懂。"最近几年，我做了400多场老板财务论坛和研讨会，在与数万位民企老板沟通调查时发现，"不做两套账的企业"只有3%左右。

有很多企业仍处于"糊涂账"阶段，都是粗放式、靠感觉管理企业，存在成本上升、利润下降、风险严重、流程不清、偷税、买卖发票、现金流效率低、财务人员管理困难等现象。这些现象暴露了一个问题——民企老板才是真正的财务总监，而民企管理最大的短板就是财务管理。

每个人都有"财富梦想"，大众创业的时代已经来临，许多人都走上了"办企业，当老板"这条路。开车必须要有驾驶执照，当老板是否也应该有"上岗证"呢？具备基本财务思维，擅长用财务工具和手段管理企业，知道怎么给财务提要求，会分析财务数据，能看懂财务报表，等等。这些应该是老板“上岗”必须掌握的知识和技能，也是老板一生都无法绕开的功课。

每个老板都有自己的知识框架体系，在这个框架体系中，财务管理必然是个极其重要的分支，而且随着企业规模的扩大，财务管理所占的比重会越来越大。

从某种角度上说，企业做到一定的规模时，企业管理的一半工作就是财务管理。也就是说，一个优秀的企业家，一定是半个财务专家。

最近，许多培训公司在跟我沟通时表示，企业管理者和老板对诸如“战略、执行、营销、人力、国学、商业模式”等课程的参与度已经大大降低，转而对“财务”这类实用的技术课程产生了浓厚的兴趣。

“财务的春天”，已经到来！

从以下几个方面我们也可以轻松得出这一结论。

1.新常态的经济。什么是“新常态”？有一次，在北京蟹岛国际会议中心，福建企业家商会主办了一场800多人参加的年会论坛，在论坛上我做了2小时的分享，主题是《新常态下的财务转型》。会上我提到，现在企业赚钱越来越难，利润越来越薄。需要通过财务手段精细化核算和精细化管理，民营企业已经开始进入抠细节、抠成本、抠利润的时代，而财务是支撑企业精细化管理的核心工具。

2.大数据的时代。经营决策需要数据，数据则主要来自财务部门。财务部门是企业的数据中心、情报中心。缺少数据支持的决策和管理，就相当于蒙着眼睛在战场打仗。

3.金税工程全国联网。在“互联网+”的时代下，电子发票、全民联网、税务局互联互通等税务稽查手段不断升级，税务网络“爬虫”开始大量、全范围地采集纳税人的各种信息，包括银行账户、微信、支付宝、微博、网站等。这些都挤压着企业税务筹划的空间，让税务违规的空间越来越小，税务筹划的难度越来越大，促使企业不得不升级其财务管理的方式和能力。

4.“创二代”接班。20世纪八九十年代创业成功的老板，目前已年近花甲、即将退休，企业的决策权和所有权的交替亟待进行，这时就会出现两个问题：第一，企业没有完善的财务体系，因此对董事长或总经理的要求非常高，这类企业交给新的掌门人后，他们能否驾驭得了？企业没有完善的财务管理系统和流程时，老帅还可以靠威望经营，而少帅就未必了。第二，企业尚处于“两本账、偷漏税”的阶段，让年轻的少帅接管企业，岂不是“拉人下水”吗？所以，提升财务管理体系，有利于企业的传承与交接，要交接就交给年轻人一个“干干净净”的公司。

5.合伙人时代。人的主体性的提升是社会的进步，伴随着经营方式的转变，企业对财务管理也提出了新的要求。第一，分钱的前提是“亲兄弟，明算账”，如果算不清楚账和指标数据，一切管理都无从谈起，何谈分红、分利润！第二，企业两本账，分钱、分利润时，给高管公布哪一本账？内账还是外账？外账是企业为了应付税务局的“瘦账”。一旦公布内账，高管马上获得了举报老板的“把柄”！老板为了对高管好一点，给他们分钱，却把自己推到了风口浪尖。

6.资本市场的火热。近年来，新三板、股市、投融资异常受人关注，几乎到了全民皆资本、逢人谈资本的程度。老板们也经历了许多资本课程的洗礼，相当于进行了一次资本思维的普及。但是，当繁华褪去时，所有老板静下心来思考，发现不管是投资还是融资，其根本还是业务和财务。业务不强大，财务不规范，别人愿意给企业投钱，让企业上市吗？财务规范，是迈入资本市场大门的前提。许多企业因为补税、账乱、流程混乱、数据缺失等问题把自己屏蔽在资本市场的大门外。

一次在深圳，有40多位培训界的销售人员准备推广我的财务课程《老板利润管控》，并让我给他们做个简短的培训——如何邀请老板来参加财务研讨会。考虑到这些销售人员没有财务基础，因此我必须用最通俗、最直白的语言，让他们学会如何向老板发问。当时还有三位民营企业老板和我在一起，我们通过聊天的方式给这些销售人员写了一个《老板财务黄金10问》，摘录在此，供大家自问。

老板财务黄金10问

1.你知道自己企业去年(或今年)赚了多少钱？利润是减少还是在增长？你有多赚钱提高利润的办法吗？你知道你的钱和利润为什么不一致吗？你知不知道账上的现金为什么没有利润多？

2.你的钱是否安全？你的企业是否存在管理漏洞？企业花钱有计划吗？你知道企业在什么情况下可能会出现资金链断裂？企业没钱，你怎么办？你知道怎样才能够四两拨千斤，用最少的钱把企业做得更大吗？

3.你知道什么是增值税发票虚开吗？增值税发票虚开怎么判刑？你企业的账经得起税务稽查吗？你知不知道公司的税率是多少？你知不知道同行业的税率是多少？你的企业有没有税务筹划？你企业享受税收优惠政策了吗？你知道偷漏税的法律责任吗？

4.你企业有两套账吗？你的两套账做得安全不安全？你知道两套账会给你带来多大的风险吗？你企业的账算得准确吗？你知不知道绝大多数老板都是因为两套账被查出来而坐牢的？

5.你的财务人员是自己的亲戚吗？你觉得亲戚就一定可靠吗？你知道绝大多数亲戚管理财务都会把财务管得比较混乱吗？

6.你企业的存货跟账上的存货能对上吗？存货账实不符是企业的巨大财务风险，你知道怎么去消除这个风险吗？

7.你能看懂企业的报表吗？你能通过这些报表发现存在的问题吗？你算没算过，企业做多少业绩才能保本？你知道每种产品的盈亏平衡点是多少吗？

8.你的公司股权是怎么设计的？是否可以支撑家族财富传承？如果你要给高管股份,怎么设计才最安全？你的家族财富如何升值？有什么好的投资渠道？

9.你知道作为一个老板需要掌握的14个关键财务指标是什么吗？你企业的投资回报率是多少？你企业的人均销售额、人均利润、人均工资各是多少？你觉得高吗？跟同行比怎么样？为什么说民营企业投资回报率在50%以上才算成功？你想没想过怎么提高投资回报率？如果能够让你的投资回报率提升30%,只需要付出3天时间，你愿意做这个交换吗？

10.你对你的财务人员满意吗？你知道怎么评价财务人员的工作成果吗？你知道如何管理财务人员，并且使财务人员对自己忠诚吗？你的财务人员懂业务吗？业务人员懂财务吗？

后来不少销售人员在微信上向我反馈，向老板提出这些问题的时候，还没等自己问完，不少老板就主动来报名参加财务课程了。其实我知道，不是这些问题有杀伤力，而是“财务的春天”已经到来！从上完我的财务课程的老板们的后续反馈，以及其向他人介绍的行为，也能得出这一结论。

风口！什么是风口？当下“财务”就是一个风口！抓住机会，迅速提升自己企业的财务管理水平，进而站在新的起跑线上，在一个规范企业的圈子里共同成长、发展，这是企业发展的大势！

顺势而为。我也在经营一家企业，一家拥有数十位财务咨询师的企业，一个成为北京某区“纳税大户”的财税咨询公司，我们也在顺势而为。产品实在、服务灵活、用户价值至上。我们的课程和咨询产品，必须能给客户带来实在的价值，我们秉承“课程结束后，不满意退款”的原则经营企业，服务方式灵活，随着客户的需求做出调整。

但无论如何，我们都要牢牢地站在风口，一手抓哲学、一手抓算盘！五年、十年甚至一生，我们都会坚持自己的梦想，为推动企业财务升级，为打造财务铁军而奋斗！

张金宝

于北京金财控股总部办公室

目 录

财务的力量1：老板财务管控必修课

CAIWUDELILIANG

|第七章| 数据管理思维——管理“驾驶舱”的设计

|第八章| 成本领先思维——成本改善利润倍增

|第九章| 财富安全思维——税务风险与稽查应对

|第十章| 纳税筹划思维——民企税务规划设计

1

|第一章|

C A I W U D E L I L I A N G

财税趋势思维

金税系统天罗地网

财务是否重要？财务在企业为什么不受重视？为什么老板普遍不懂财务？老板怎么看待财务？……

企业发展到一定规模时，老板的工作一半以上是财务管理工作。建立以财务为中心的企业管理，通过量化、细化、记录、评价、考核、预算等手段，共同支持企业的管理与决策。

从“贸易战争”看商业本质

贸易战争，引起了全中国人民的重视。贸易战争不仅给中国，也给其他国家，带来了不同程度的损失或影响。

翻开沉重的历史，让我们来思考一下，为什么会发生战争？政治经济学与经济史告诉我们：推动世界发展的两大手段分别是战争与贸易，或者说赚钱的两大手段分别是掠夺与交易。

我在针对老板的财务启蒙课《老板利润管控》上，曾分享过一段话：

国家之间的战争，其本质是经济之间的战争！
经济之间的战争，其本质是企业之间的战争！
企业之间的战争，其本质是老板之间的战争！
老板之间的战争，其本质是哲学与算盘的战争！……

什么是企业？企业就是企业家精神世界的外化。换句话说，有什么样的老板，就有什么样的企业；老板的基因和性格，决定了企业的基因和性格；老板对财务不关注，企业就很难实现数据化、精细化的管控。从某种程度上说，企业之间的战争，就是老板之间的战争。

老板与老板之间最大的区别是什么？马云、任正非、雷军、乔布斯……这些企业家都在较量什么呢？

经营之圣——稻盛和夫先生，曾经操盘过三家世界五百强企业，是无数老板的偶像。他拥有两大秘诀：一手抓哲学、一手抓算盘。

稻盛和夫先生的哲学，主要是以王阳明先生的心学为主，加上中国的佛学、儒学，以及《了凡四训》《太上感应篇》等中国传统国学思想，对其进行大量的通俗解读与演绎。比如："哲学的原点""作为人，何为正确？""知行合一"等。

稻盛和夫先生的算盘，就是以财务为中心的企业经营。企业发展到一定规模时，老板的工作一半以上是财务管理工作。建立以财务为中心的企业管理，通过量化、细化、记录、评价、考核、预算等手段，共同支持企业的管理与决策。

我们应该向稻盛和夫先生学习，要想赢得贸易战争，就必须强大企业的"算盘"。有一位广东的学员，听了我的课程后，把笔记上的18个字打印出来贴在了会议室的墙上：“无数据，不管理；无数据，不会议；无数据，不决策。”

我得知这件事情后，微信给他回复了几个字：“财务强，则企业强！企业强，则中国强！”

从“大国梦想”看经济趋势

改革开放40多年了，我们深深地明白：如果不是触动利益的改革，都不算真正的改革。所以我常说：“国家宏观经济调控最有效的两大手段就是利息和税收！”

提起“伟大工程”，我想起经济学史上的一句话：只有在集权的年代，才会有大项目、大工程的诞生……

什么是大项目、大工程？港珠澳大桥、三峡大坝、高速铁路、机场、长城、南水北调、西气东输、中巴走廊、非洲援建……每一项都是需要耗费巨资和精力的大项目。

国家要集中力量办大事。就要靠民主集中制，民主之后还要集中，那么集中需要集的是什么呢？政治、经济、文化，都需要统一和集中。国税与地税合并，就是经济集中的一个小浪花。

为了拉动投资和消费，拉动经济增长……国家动辄百亿元、千亿元的大工程项目，如此频繁地投资，是否会导致国家资金紧张？换句话说，国家缺不缺钱？答案显而易见。

国家收入主要来自三个渠道：印钞、卖地、税收。印钞要考虑通货膨胀，卖地要考虑房地产泡沫，此两者空间均有限，所以最主要的渠道就是税收了。

企业可以简单分为三大类：国企、上市公司、民营中小企业。仔细分析，我们会发现国企和上市公司基本上不太会逃税，因为没必要，还有可能会影响股价。反而民营企业为了多赚钱，会想各种办法偷逃税款。我曾经讲课时调查过这样一个问题，“不做两套账，没有买过发票的人请举手。”结果举手者寥寥无几。

国企和上市公司基本上都很规范，很少偷逃税款。但是税率让这类企业压力山大，国家也在设计和推行减税政策。为了填补国企和上市等公司减税政策带来的财政收入减少，也为了完成财政税收每年的增长任务，我们不得不把减税与增长的压力转移到民营企业这边，那么，民营企业如何在依法缴税的同时，获得最大的利润呢？这是作为民营企业的老板应该思考的问题。

税改新闻“敏感词”

翻开新闻，与财税改革相关的关键词语异常多，简直是扑面而来，如图 1-1。

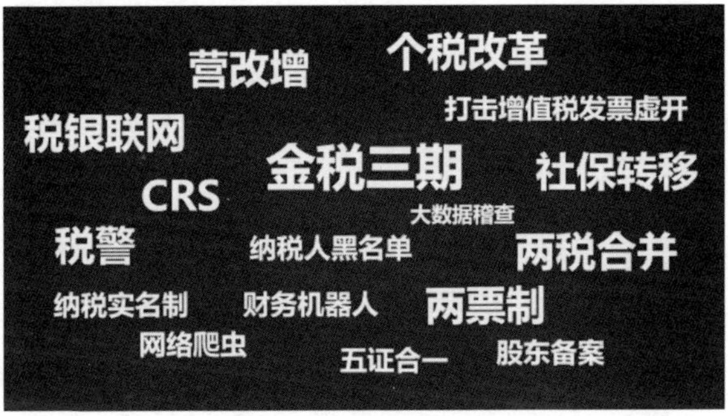

图 1–1 与财税相关词语

有时连微信朋友圈里，都弥漫着这样的信息：

CRS 系统已开启！

裸奔时代已到来！

放水养鱼时代结束，撒网捕鱼时代开启。一个大而全的中国个税税收监管大网已近编织成型。

税收监管是愈来愈严。

新个税实施，可能是中产阶级的短暂欢愉，但更是有税收“原罪”财富的末日临近。整个娱乐圈税后，将是全体富人税。

今年，是过去十年税务征管最严的一年，但也可能是未来十年征管最松的一年。

新个税实施，增加个人反避税条款，想借关联方或空壳公司逃税的，不可能！

税务公安联网，人行、金融监管部门监督大额异常交易，同时配合提供给税务局金融账户信息，想逃汇洗钱的，不可能！

CRS 互换，居民境外金融账户信息获取通道被打通，想隐藏资金在境外的，不可能！

资金大额交易会被关注或严查：

1. 单笔交易 5 万元以上现金收支。
2. 公户 200 万元以上的款项划转。
3. 私户转账 50 万元以上（境内）。
4. 个人账户 20 万元以上的跨境转账。

国家监管的资金交易有哪些?

1. 规模很小的企业，却有 100 多万元的流水。
2. 转入异常，分批转入集中转出。
3. 转出异常，集中转入分批转出。
4. 经营范围，跟资金流向无关联。
5. 公户短期频繁大额给个人转账。
6. 公户常收到与业务没关系的个人汇款。
7. 频繁开销户，销户前大量转账。

8.闲置很久账户，突然启用并大量转账。

9.微信、支付宝有大额可疑交易。

这些关键信息，由于太过敏感，税务相关部门对于新闻传播方面，都尽量淡化……

郑州一个专门做食堂承包的老板娘，问了我一个问题："我是做中学食堂承包的，有一些税是免征的。我们的利润率也特别低。现在，我个人银行卡有 8000 多万元、基金账户有 8000 多万元、北上广深房产还有 8000 多万元，这些都没缴过个人所得税，怎么办？"

一般这种情况，每个人缴了多少个人所得税，有多少登记性财产，税务局一目了然，谁也不例外。还记得听过这样一个段子："余生最了解你的人，是税务局。"

"24 字赠言"与"秋后算账"

有一次，我们公司内部的 80 多位财务咨询师，在北京总部开会学习，学习期间特别聘请了一位某市国税局在职领导，给我们做了一天的"财税沙龙"。

会议结束前，该领导赠送了我们“24个字”，作为他对财税形势的判断与分析：“四面埋伏、关门打狗、引蛇出洞、放水养鱼、守株待兔、秋后算账！”

后来，我给许多老板提到这24个字，他们都感觉毛骨悚然、后背发凉。诚然，民营企业许多老板都曾中招！我问这些老板，最可怕的是哪一条？他们一致回答是“秋后算账”。

什么是“秋后算账”？我讲一个印象极深的案例。

【案例】

青岛某钢贸公司，13年前卖了一批货，总计金额2000万元，因为客户不需要发票，就把货款收到个人私户上，进入了内部账务，未进外账，也未报税。

2019年9月，12年前离职的一位员工，前来勒索该公司的老板100万元，并微信发过来13年前的发货单、出库单、报价单等原始凭证的原件照片。

老板问我：“这100万元，我是给还是不给？”

我的天！13年前，客户不要发票这种事情常不常见？特别常见，而且肯定不止一个客户不要发票。

老板左右为难。给吧，这个员工还会再来要钱的，也不知道他手上到底有多少原始单据。不给吧，对方说了，后果自负……明显是要去举报的意思。

我预估了一下，如果税务部门知道了这件事，大概会怎么处罚（暂不考虑移送公安的刑事处罚问题）：

补税：增值税=2000×17%=340 万元（暂不考虑价内价外，按当时的增值税税率 17%计算）。企业所得税=2000×33%=660 万元（2008 年前税率还是 33%；收入未入账，成本可是全部入账了，所以这 2000 万元全是毛利）。

罚款：一般正常罚款是涉税金额的 0.5 到 5 倍，这里暂按 1 倍计算，即 1000 万元（340+660）。还有滞纳金，按税款的每天万分之五计算：1000×0.05%×365 天 ×13 年=2372.5 万元。

一共合计是 4372.5 万元。

很多老板说，这真叫“辛辛苦苦多少年，一夜回到解放前”。我抬头看了看这位咨询财税问题的年轻老板，问道：“13 年前，你才多大啊？”他回答说：“我现在 28 岁，13 年前，还在读中学呢。”原来是父亲经营企业时遗留下来的财税问题。

我们不得不思考，想要做企业传承时，是传承一个合法、合规税务筹划的企业，还是传承一个千疮百孔的偷税企业？

新常态下的财务新思维

财务是否重要？财务在企业为什么不受重视？为什么老板普遍不懂财务？老板怎么看待财务？……

有关财务的话题，以前一直是许多老板不愿意直接面对的，但是现在情况正悄然发生着改变。原因有两方面：一方面，老板的财税意识不断提升，随着老板管理水平的提高，他们学习了许多有关企业管理的课程，逐渐发现许多问题最终都归集到财务领域；另一方面，当企业发展到一定的规模时，财务在企业中的位置就会变得越来越重要了。可以说，老板对企业管理的一半工作都是关于财务管理的。

这几年，国内有一些新的词语或说法，叫“新常态”！

“新常态”是什么？就是GDP增长速度不再是高速增长了，而是在7%以下，并且将会持续很长一段时间，成为正常状态。

在经济增长越来越慢的时候，企业赚钱也越来越困难了。在原来的粗放式经营和管理下，只要企业老板胆子大、有关系、有资源、有执行力以及做事精明，就会有钱赚。新常态下却不一样了，人工、房租、原材料等成本大幅上升，销售压力加大，竞争加剧等各种因素叠加在一起，使民营企业生存和赚钱变得越来越困难。

当企业赚钱难时，国家收税是更容易还是更难了？企业不景气，国家的税收征收压力也会大大增加。所以市场上就出现了这样一种声音：“国家收拾完那些贪官，接下来就要开始抓财政收入、抓税收了。一抓税收就要开始盯企业、盯老板了……”

近几年，我创办了“金财咨询”公司，每年给数百家全国各地的企业提供财务咨询服务，因此我去了很多城市，也拜访过很多家企业。我发现，营业额达到 1 亿元或 2 亿元的企业基本没缴过税，或者可能只缴了 10 万元的税。经过严格的分析，从税负（指实际计缴的税款占相对应的应税销售收入的比例）的角度来讲，这个企业缴的税是多还是少？

我们的财务咨询师在一起开会，有时会提到，某家企业的纳税是“1:9”还是“5:5”？什么叫“1:9”？就是说如果某企业有 1 亿元的营业额，体现在税务账上的只有 1000 万元的合法收入，这部分是缴过税的，所谓“外账收入、外账营业额”。剩下 9000 万元营业额流水都放在“内账”上体现，也就是不交税的收入。

有一次，一位老板告诉我：“我们哪是 1:9 呀，我们是 1:99！”刚开始，我感到十分惊讶，但渐渐地也就习惯了。说实话，每当碰到这样的企业老板，如果老板的思维不转变，即使花 100 万元找我们做财务咨询案，我们都不太敢去，不愿意接这个项目，因为风险非常高。

未来 5~10 年，很多企业都会逐步实现财务规范化，原因有以下几点。

第一，企业传承。不可忽视的一个社会现实是，20 世纪 80 年代出来创业的老板，现在都面临着交接班和传承。可以想象，一个极度不规范的企业，如何传承给创二代或非老板的职业经理人？

第二，偷税空间减小。国家征税手段越来越先进，互联网交付、电子侦探技术、网络爬虫技术等科技手段的运用，让企业偷税和做两套账的空间越来越小。

第三，资本的呼唤。资本市场的火热，让众多创业者意识到做企业一定会涉及与资本的对接，不管是 IPO 上市、融资，还是并购、贷款，都需要企业有一个规范的财务体系，否则无从谈起。

第四，合伙人时代。“90 后”甚至“00 后”进入社会，他们主体意识非常强，一辈子给老板打工的想法变得陈旧。“大众创业、万众创新”，年轻人越来越希望参与创业，如果不在企业内部提供内部创业通道，如果不给有能力和担当的年轻人分红、分利润、分股份等，让他们分享企业的剩余价值，员工大部分会离职跳槽。所以，合伙人时代已经来临。俗语道：“亲兄弟，明算账。”合伙人时代对财务规范的要求非常高。

比如，东北某省有一家企业，一年营业额3亿多元。请我们做了一个120万元的财务咨询案。在我第一次去该企业调研时，董事长和我聊天说，企业中有9位家族成员，有时他非常担心万一自己哪一天出意外逝世，家人会不会为了争夺家产而大打出手？

原来，董事长本人最关心的问题是公司股权分配、顶层设计、财务传承、风险防范等，请我过来，主要是解决这些困惑了他两年的问题。其他的账、钱、税、成本预算、内控体系的建设等，都是其次的问题。

【案例】

董事长："我打算拿出12%的股份，分给几个追随我多年的高管。但是企业基本没怎么缴税，是一家有风险的公司（原罪），我不能在这种情况下拉他们入伙，跟我一起承担风险（犯罪）。本是想对他们好，但又不能拉他们下水。所以我要先把公司的财务规范了，至少不能因为做企业做进监狱里去……"

我："如果因为要财务规范，导致企业利润减少，你能接受吗？"

董事长："这个我想了很久，已经想清楚了。没问题，我的决心已经下了，哪怕导致全部利润都没有了，我也能接受，你在课上不是说过一句话吗——纳税是最大的慈善！还有一个原因是，我们是这个行业的龙头企业，财务不规范也不行了。”

看到老板的决心和财务价值观没问题了。

我说：“你放心，我们一定不会让你利润没了的，在财务规范的前提下，做一些合法的税务筹划，最终企业价值反而会提升，让企业有一个更稳健、扎实的内部管理体系，才能应对未来的硬仗。”

随着时间的推移，其他民营企业老板早晚都会有这样的财务新思维。上过我财务课程的老板，无非是比其他企业早几年产生财税新思维而已。

老板的财务价值观

首先，我们来谈一个话题——财务认识与价值观，这是财务哲学层面的问题。

我给许多老板讲财务时发现：往往财务技术、财务工具、财务方法都没问题了，最终是思维层面、宏观方面的财务价值观在决定老板的行为和落地。这些才是真正的财务系统落地的基础。

1. 价值观："有我"（为自己活）VS "无我"（为帮助人而活）

什么是“有我”，什么是“无我”？

说得通俗一点，“有我”就是我经营这个企业的目的，是为了让自己、家人过得更好，光宗耀祖。“无我”就是我做企业的目的是为了帮助别人，帮助更多的员工、顾客、供应商，回馈社会、报效国家（缴税），等等。在帮助别人的过程中找到做企业的价值、奋斗的意义和人生的乐趣。

这两种境界和层次，决定了后面税务筹划问题的具体做法和选择。一下子让老板从“有我”提升到“无我”的境界很难，因为这是老板自身价值观与信仰层面的问题。“有我”是一个基础，当“有我”已经达到时，老板们是否应该开始追求“无我”了呢？

2. 使命："赚钱"（衣锦还乡、荣归故里）VS "事业"（成就大业、影响行业）

很多老板在思考公司战略发展的时候，会思考“得到”这个问题，我把这个想法总结为两种通俗的使命：第一种叫“赚钱”，第二种叫“事业”。我们经营企业，心里想的是赚钱还是做一番事业？这两种使命，会导致财务问题上的天壤之别。

什么叫赚钱？只要有利润，这个事情我就做，只要能赚到钱，这个活我就干。这是赚钱。什么是事业？事业就是要把事情做成，要成为行业的龙头，要影响这个行业，把公司价值、员工价值看得很重要。事业比赚钱更重要，换句话说，就是老板把对社会、对员工的价值看得更大。如果是赚钱，我们是奔着利润去的；如果是做事业，我们考虑得将会更加长远，可能就未必会偷税、漏税了。虽然做事业的老板，赚钱不是第一追求，但伴随着事业的成功，利润也随之而来。

3.未来战略：做一辈子生意人VS打造一家上市公司或一个产业帝国

你的企业，有没有打算上市的想法？大家知道，现在新三板挂牌的门槛很低，一年做2000万元的营业额就可以申请挂牌，一旦挂牌成功，就成为“公众公司”。这时候，就跟一般的非上市企业不一样了。许多老板从来没有考虑过上市的问题，甚至想象和体会不到上市公司的好处。

上市至少有以下几个好处：①易于融资圈钱；②增加知名度，很多商业机会主动找上门来；③给高管机会；④容易吸引招揽人才；⑤借上市之机提升企业管理系统，规范财务；⑥便于企业的传承与原始股东的退出；⑦公司整体打包出售、变现、并购容易。当然，实际好处还不止这些。毫无疑问，上市是绝大多数老板将企业做得更大的跳板之一。

当然，我们很多民营企业是不容易上市的。比如做代理商或经销商的企业，他们是依靠厂家活着的。但是，只要老板有长远的经营理念，并有做大做强的梦想，就不能不考虑“产业升级”的问题。

比如，有人一开始卖矿泉水，成为矿泉水的代理商。当他赚到第一桶金的时候，可以考虑投资切入产业上游，做产业升级。很多人在第一个阶段（如代理商阶段）一做就是 20 年，兢兢业业、勤勤恳恳……这样企业就会错失很多继续发展的机会。

我接触到的很多企业，他们的扩张不是盲目的扩张，而是关联性、产业链的扩张。上海有一家婚纱摄影集团的董事长第一次来上《老板利润管控》财务课的时候，企业的营业额还不到 1 亿元，后来我们成了该企业的财务辅导顾问。一年后该企业的营业额就做到了 10 亿元。

2016 年 1 月 9 日，这位董事长邀请我去参加他们公司的千人年会。2016 年 5 月 17 日，他们又免费给我们提供婚宴酒店，帮我们主办了一次针对财务人员的集训活动。期间，这位董事长说这个行业一年营业额做到 100 亿元都没什么问题。

一个拍婚纱照的企业一年可以做到 100 亿元的营业

额，这是值得许多老板思考的问题。当然刚开始这个老板就是做高端婚纱摄影，全国范围内五大品牌共同布局，后来又衍生出婚宴酒店、钻石销售、婚礼服定制、儿童摄影，甚至高端月子中心等业务。

所以，当一辈子生意人，还是打造一家上市公司，不同的追求，导致老板对财务管理的要求也不同。如果老板想把企业做大做强，从创业开始，营业额做到3000万元、5000万元，或者1亿元、2亿元……越往后，财务管理就越重要，甚至公司里50%的工作都和财务管理有关。

工具 从一个税务筹划案例看懂财税价值

【案例】

A公司共有2个股东，分别是甲公司和乙公司。其中甲公司投资400万元，占40%股份。乙公司投资600万元，占60%股份。目前，A公司有未分配利润500万元，盈余公积500万元。

问题：甲公司打算把其股份按1200万元全部转让给乙公司。如何转让？要缴多少税？股权转让的税务筹划方法有哪些呢？

税务筹划方案一：直接转让

1200-400=800（万元）

股权转让需要缴税：800×25%=200（万元）（企业所得税）

税务筹划方案二：先分红，再转让

甲公司的分红金额：500×40%=200（万元）

分红后，按以下价格转让：1200-200=1000（万元）

股权转让所得：1000-400=600（万元）

股权转让需要缴税：600×25%=150（万元）（企业所得税）

切记！中国的企业与企业之间的分红是免税的。

即A公司分红给企业股东甲公司200万元，不需要缴税，因是对A公司的企业所得税税后利润进行分红的。

税务筹划方案三：先分红，然后盈余公积转增注册资本，再转让

分红金额：500×40%=200（万元）

转增资本：250×40%=100（万元）（说明：转增后盈余公积不得少于注册资本的25%，即可转增250万元）

投资成本=400+100=500（万元）或（1000+250）×40%=500（万元）

转让价格=1000-500（投资成本）=500（万元）

股权转让需要缴税：500×25%=125（万元）（企业所得税）

税务筹划方案四：撤资

撤回或减少投资的应纳税所得额：

转让价格1200万元-投资成本400万元-股息所得（500万元未分配利润+500万元盈余公积）×40%=1200-400-400=400（万元）

撤资需要缴税：400×25%=100（万元）（企业所得税）

根据《国家税务总局关于企业所得税若干问题公告》（国家税务总局公告2011年第34号）第五条规定：投资企业从被投资企业撤回或减少投资，其取得的资产中，相当于初始出资的部分，应确认为投资收回；相当于被投资企业累计未分配利润和累计盈余公积按减少实收资本比例计算的部分，应确认为股息所得；其余部分确认为投资资产转让所得。

因此，投资资产转让所得=撤资分得资金－投资计税成本－股息所得（相当于被投资企业累计未分配利润和累计盈余公积按减少实收资本比例计算的部分）。

2

|第二章|

C A I W U D E L I L I A N G

财务管理思维

企业财务发展规划

企业管理的核心是财务管理，因为财务涉及企业的营销、采购、人力资源、生产等诸多环节，甚至企业的战略最终也要通过财务的方式来体现。

一位优秀的企业家一定是半个财务专家。企业规模越大，对财务管理的要求就越高。在企业管理这条路上，一个不懂财务的老板难以走远。

企业管理对财务的要求

财务水平与企业的规模需要匹配和相互适应。很多企业的老板，特别是民营企业的老板，在企业发展到一定规模的时候才会开始思考关于企业财务管理的问题，不同企业在发展过程中对财务的认识也是不同的。

1.公司“人”模型

处于不同发展阶段的企业、不同规模的企业对财务的要求有所不同。有些老板会有这样的困惑：以前对财务工作不太重视，但是随着企业的发展，规模越来越大，财务问题也越来越明显。

的确，企业在起步阶段，老板的主要精力放在营销、生产、产品等方面，当企业发展到一定规模时，营销、生产、产品等已经不再是主要问题，此时，财务问题和企业的内部管理问题就显得非常重要。

一个企业就像一个人，老板本人就相当于这个人的“头脑”；但是企业只有一个老板是远远不够的，还要有产品，企业的产品以及生产体系就相当于这个人的“身体”；老板控制着公司的整体战略，相当于头脑控制着人的行为，而产品是企业生存的根本，就像身体是支撑人存活的根本一样。企业初创阶段最重要的两个问题是营销和采购，就相当于人的“两条腿”。有了“老板”“产品”“采购”“销售”，相当于有了“头”“身体”“两条腿”，企业就基本成型，可以正常运营了。

当企业发展到利润突破3000万元的时候，老板往往会发现企业的价值链体系中缺少一个支撑体系，这个支撑体系包括财务体系和人力资源体系等。财务体系和人力资源体系相当于人的“左膀”和“右臂”，有了它们，企业才能迅速地向前发展。

很多企业在初创时期只有两条腿，没有两只手，导致后来发展不顺。老板在企业初创时对财务不够重视，也成为后面很多问题的根源。

2.财务管理是一切管理的核心

从某种角度上讲，企业管理就是用数字化来管理企业，数字化管理企业的前提是有强大的财务管理能力。企业管理的核心是财务管理，因为财务涉及企业的营销、采购、人力资源、生产等诸多环节，甚至企业的战略最终也要通过财务的方式来体现。

财务管理是一切管理的核心。财务通过数据掌控着企业的营销、采购、人力资源、生产、战略等，但是很多老板懂营销、懂采购、懂人力，唯独不懂财务，并且因此导致管理链条断裂，给企业带来很多麻烦，造成巨大损失。

老板不懂财务是很多民营企业常见的问题，造成这个现象的原因有两个方面：一方面，很少有学财务的专业人员创业当老板。一般来说一个人财务工作做得越久，性格就越保守、僵化，甚至死板到不懂变通，这种性格习惯导致鲜有财务人员出来创业。另一方面，出来创业的老板中，很少有学财务出身的。所以，在企业管理的过程中，财务管理是缺失的一环。

3.民营企业老板才是真正的财务总监

在民营企业中，老板才是真正的财务总监。很多老板对此感到困惑，怎么自己成了财务总监？回想一下：当企业缺钱的时候，最着急的是不是老板，与税务局工作人员打交道最终托底的还是老板。所以在民营企业中，老板才是真正的财务总监。

4.一个优秀的企业家一定是半个财务专家

财务管理是企业管理的核心，当企业发展到一定规模时，一定要通过报表、数据来进行管理，数据化管理是真正实现企业管理的第一步。

一个优秀的企业家一定是半个财务专家。企业规模越大，对财务管理的要求就越高。在企业管理这条路上，一个不懂财务的老板难以走远。

老板不懂财务带来的问题

“中国十大鬼城”之一的某项目公司的老板曾经来找我探讨财务问题。该老板是温州人，非常有魄力和胆量，也很有商业头脑及执行力，总的来说是比较成功的。其中谈到一个商业地产项目（开发完约 27 万平方米），假如按每平方米 6000 元出售，也有十几亿元的资产，但自从该地产项目上了新闻成为“中国十大鬼城”之后，他一度想花 3000 万元的价格整体打包出售该项目。在聊天时，他说最近几年来，因为不懂财务造成的损失有数亿元之多。

这个现象不是单一现象，太多民营企业董事长因为不懂财务给企业带来了许多问题。老板们有的进监狱、有的破产、有的资金链断裂，至于资金损失、财务漏洞、内部舞弊和腐败、低效、税收违法等问题就更常见了。

简单总结一下，中小民营企业老板不懂财务会带来以下几点问题。

1.算不清楚账

算不清楚账已经成为很多民营企业的普遍问题，特别是年营业额在 3 亿元以下的民营企业。有一次，我在江苏苏州见到一个物流公司的老板，就问这个老板上一年赚了多少钱，可这个老板竟然不知道。后来我发现，大量民营企业的老板不但不知道自己赚了多少钱，连自己企业的成本是多少也不知道，企业账目上有多少钱也只知道一个大概数字。所以，算不清楚账是民营企业典型的问题。

企业在执行薪酬设计、绩效考核、员工分红时，往往是按照一定的比例给提成，而算不清楚账会给这些工作带来很多麻烦。我在长沙还遇到一位老板，他为了提升高管工作的积极性，答应给他们 10%或 15%的分红，可等到分钱的时候，因为没有算清楚账，高管们不认可老板的分红方法，都闹着要离职。

2.资金周转慢

资金的使用效率低也是现在民营企业中非常严重的问题。大部分民营企业资金周转速度非常慢，钱从出去到进来需要几个月的时间，有时甚至需要半年或一年的时间。

我在无锡的时候遇到一位老板，他对我说公司的毛利率非常不错，能够达到35%，就是资金周转得比较慢，周转一圈需要11个月，将近一年的时间。他没有办法，只能去借高利贷，虽然企业的毛利率高达35%，但是高利贷的利息就占了将近30%，所以整体算下来，公司基本上并不赚钱。于是，对于这个老板来说公司就像鸡肋——食之无味，弃之可惜。

当企业财务管理比较落后的时候，资金周转的速度就会非常慢，效率也会比较低，还有些企业甚至出现资金丢失的情况。

3.税务风险高

买卖发票、伪造单据、虚增成本、做低利润、做两套账、偷逃个税、套取出口退税……

每年，仅因为增值税专用发票问题而被判刑的老板就不计其数，这对全中国民营企业老板而言是一个惨痛的教训。很多企业在处理税务的过程中，想当然地买卖发票，这种做法严重威胁了民营企业的安全。

我几乎在每一次讲财务课程时，都会遇到相当一部分企业涉及严重的逃税、虚开增值税发票等问题。要知道，虚开增值税发票，要承担严重的法律后果。2018 年，山东日照一男子用虚假出资注册的“皮包公司”虚开增值税发票 3000 多万元，结果触犯刑律，被当地人民法院以虚开增值税专用发票罪判处 10 年有期徒刑，并处以罚金 10 万元。

4.成本浪费严重

民营企业某些方面的成本比外资企业低得多，这也是民营企业的灵活之处。但是在其他一些方面的浪费和损失又极大，并且许多都是隐形成本。

民营企业的管理比较粗放，是导致企业成本较高的重要因素。有时候，民营企业老板在成本管控方面做得相当不错，但是在整体运营过程中又会造成浪费，特别是效率低造成的浪费。企业成本包括可见成本和隐藏成本，在控制隐藏成本方面，许多民营企业都做得不够好。

企业如何缩减成本呢？这就需要聚焦于劣质成本的构成要素上，如检查和测试、返工或返修、报废与担保等。解决掉这些问题，可大大缩减隐藏成本，为企业节省不少资金。

5.做事无预算

有些民营企业老板做事没有预算，想一出是一出，一拍脑袋想出一个主意就立即让员工执行，导致整个企业在运转过程中因没有预算和规划而出现各种纰漏，这也是民营企业财务管理的重大问题。

“凡事预则立，不预则废”，预算管理是企业最重要的管理工具，是企业实现资源分配和战略发展的保障。然而，中小民营企业普遍没有推行全面预算管理模式，或者有预算也仅仅有费用预算，与战略目标没有互生关联。企业没有预算管理，财务上出现各种问题也在所难免。

6.财务人员管理困难

财务人员的管理问题也是民营企业老板非常关注的问题。有些老板不知道如何招聘财务人员，也不知道自己招聘来的财务经理或财务总监能否胜任这项工作。有时候，招聘员工的失误也会给企业带来巨大的损失。

【案例】

四川成都有一家企业招聘了一个财务经理，这个财务经理上任才一个月就跟老板提出更换财务软件的要求。因为双方是在“蜜月期”，老板对财务经理的要求言听计从，于是财务经理就花了二三十万元把原有的财务软件换成了另一种。但软件更换完毕，除了财务经理，其他的人都不知道新软件该如何操作，新旧两种软件都没能好好利用，导致公司出现很多问题，一些重要的报表也出不来，数据混乱、错误百出。

后来，不了解其中利害的财务人员把有问题的报表提交给税务局，税务局的工作人员看到报表，发现这家企业存在巨大的税务风险。最终，这家企业补税1600多万元。老板来上财务课程时，表现得很不开心，私下与我沟通称想要换掉财务经理。可是财务经理已经知道太多企业的事情，更换起来也没有那么容易——正所谓“请神容易送神难”啊！

财务人员是企业的关键人员，选财务人员时老板要慎之又慎，人品和能力都非常重要。财务经理应该是老板的心腹，如果不能成为老板的心腹，那就有可能成为老板的心腹之患。所以，如何管理财务人员也是让民营企业老板头痛的问题。

当然，企业的财务管理远不止这些问题，发票、企业架构、税务筹划、预算、风险流程等都是财务管理衍生出的系列问题。造成这些问题的原因有两个：一是领导对财务不重视，二是领导对财务不满意。

曾经有人做过调查，80%的老板对自己的财务人员不满意，这是一个很有意思的现象。财务人员兢兢业业、勤奋踏实地工作，却得不到老板的欣赏和肯定，这到底是老板的问题，还是财务人员的问题？

企业财务职能定位

1.风险定位：财富VS安全

如何平衡赚钱与风险的关系？是原始积累，还是控制风险？

一次，我去给西安的一家年营业额20亿元的房地产公司做财务辅导时，反复提到一句话："安全比赚钱更重要！"

当企业做到一定规模的时候，只要这个企业没有特别重大的失误，便会自动自发地向前发展。一般来说，只要企业能做到1亿元以上，已经有了一定的市场、客户、产品及团队，这个企业就会主动发展和扩张。所以，企业的安全比赚钱更重要。

不顾风险、不顾安全地赚钱，也是一种策略。我们不能简单地说这种策略就是错误的，因为这种策略影响下的企业的发展速度可能更快，但是也有可能导致企业在高速发展时因为一个错误式风险而顷刻崩塌，“辛辛苦苦好几年，一夜回到解放前”。

2.账务定位：AB账控利润VS一账统领

我在很多地方讲课时在课堂上做过多次调查，一般企业都习惯做两套账。学财务会计专业的学生就业后常常发现有这样的烦恼：在学校里从来不知道怎么做两套账，老师也没有教过，但是老板要求财务要做两套账。

无奈之下，财务人员就开始按照老板的指示做两套账。为什么要做两套账？因为不做两套账企业的税负太高了，企业很难承受。所以，做两套账的目的是企业少缴税。少缴税，纳税成本低一些，企业的利润就多一些。

那么，企业一直做两套账，能不能做大？这是老板首先需要思考的问题。尤其是想要上市的企业能不能做两套账？如果仅从税负的因素看，一套账通过税务筹划也能节省一部分金额，虽然节省的金额和幅度不像做两套账时那么多，但是是在安全的前提下做这件事情的。

所以，我们做两套账是阶段性的行为，还是长期的行为？如果是阶段性的行为，打算什么时候“金盆洗手”？这都是企业老板需要慎重考虑的问题。

3.税务定位：继续偷税VS税务筹划

条条大路通罗马，同样是把50万元或100万元的金额节省下来，往往有两种或两种以上的方法，A方法可能导致“坐牢”，B方法可能导致“罚款”，选哪种方法？或者甲方法可能导致“罚款”，乙方法可能导致请客吃饭，选哪种方法？

一种是偷税方法，一种是税务筹划方法。这两种方法，老板选哪一种？要在心里盘算，并做出选择和定位，形成自己经营企业的原则和铁律。

很多老板都说“我是在税务筹划……”，名义上好像是在税务筹划，其实是在偷税，只不过“偷税”这个字眼太难听了，老板都自称是“税务筹划”。但是如果企业已经经营一段时间了，还一直不做相应的调整和转型，这就相当于18岁的小伙子还一直在穿3岁儿童的开裆裤，是不合时宜的。

4.资金定位：自然流淌VS动态管控

曾经有好几个老板在财务课堂上分享自己的疑问时提到：需要还银行贷款的前一天，财务人员才告诉他，“老板，明天要还银行贷款了。”

“你怎么不早说，现在才告诉我，我一点准备的时间都没有，提前一个星期告诉我，我也许还能想想办法。”

老板在绝望和崩溃中，奔赴在去借高利贷的路上。

企业就像老板的“儿子”，怎么“出生”的老板都知道。而未来企业是怎么“死”的？老板是否知道？一旦资金链断裂，企业倒闭就是分分钟的事情。

很多中小企业对资金的管理是自然流淌、无为而治，其投资资金和运营资金基本上没做过详细的资金规划和动态管控。只有企业发展到一定阶段时，或者在资金方面伤痕累累时，才会让资金走上动态管控、高效安全的节奏。

企业缺钱时，基本上是老板亲自想办法，大都是因为财务没有做过详细的资金计划和收支预测，更没有一套完善的资金管理系统。

5.成本定位：员工自觉VS系统流程

企业刚创立时，没有相应的制度、健全的流程，其成本的控制基本靠员工自觉，靠老板的个人魅力及对员工的“洗脑”，靠企业文化的感染。这时，老板瞪员工一眼比流程系统还管用。

但是，随着企业越来越壮大，员工越来越多。虽然老板像太阳一样耀眼，但已经照射不到许多地方。阳光照射不到的地方，难免会有不自觉的情况发生。

安徽的一家商业地产公司的老板分享过这样一件事，

公司花 100 万元请来的高管严重贪污腐败，拿了 300 万元或 500 万元的回扣后果断辞职闪人——富了和尚穷了庙。所以，这种自觉毕竟难度比较大，一种是相信人，另一种是在相信人的同时，用流程、制度、体系辅助约束。

人无善恶，趋利避害而已。设定制度时，要把人想象成恶的，然后去设定制度和流程来防范成本、内控中的漏洞。没有制度和流程的企业，就像把员工当成柳下惠，引诱犯罪，最终害人也伤了企业。

6.决策定位："拍脑袋" VS 数据化决策

"拍脑袋"，就是指老板做重大决策时，往往依靠自己的感觉或直觉。企业初期规模不大的时候，老板的感觉还是挺灵敏、准确的。但随着规模的扩大，感觉就不一定那么准了。

四川省某地级市，有一位做包装印刷的老板感觉自己企业的生产成本比较低，一件产品自己生产成本是 300 元，卖 1920 元。如果从外面采购要 500 元，也是卖 1920 元。于是，果断决定建生产线自己生产，取代原来的委托外单位代工。他想，自己生产成本还少 200 元，就等于可以多赚 200 元。

后来，他贷款花了 2000 万元建了一条生产线，由于这条生产线建成前后都没做投资数据分析，等到真正生产时他才发现，虽然实际直接生产成本是300元，但由于是自己生产，为此还需要占用1500万元的存货资金。而资金需要民间借款，利息成本非常高，更没有计算生产线的折旧。再后来，这个产品销售急剧萎缩，此生产线已经处于半停滞状态。

最后迫于流动资金的压力，这位老板终于发现自己生产还不如从外面购买实惠。2018年9月他来上财务课程时，大家都建议他卖掉此生产线。而他说这个设备只能卖给同行企业，别的企业用不上，即使卖的话，连500万元都卖不到。

目前，该企业已经有5000万元的银行贷款及2000万元的高利贷，而整个企业一年的营业额才5000万元，净利润只有500万元左右，只能是给高利贷打工了，还利息都困难，更别提本金了。老夫妻俩来上我的财务课，都是他们的债权人出资缴的学费。

7.情报规划：信息孤岛VS财务业务一体化

现在已经是移动互联网的时代，电脑IT技术高度发达，但是仍然有一些民营企业没有使用ERP信息系统（即建立在信息技术基础上，以系统化的管理思想为企业提供决策手段的管理平台），或者虽然用上了财务软件，但只是用了很少的几个模块，如总账、报表等。财务与业务软件是割裂的，没有形成财务业务一体的信息系统闭环，就像处于信息孤岛。财务是一套数据，业务是一套数据，甚至相互对不上，数据差异十分严重。

河北省秦皇岛某企业，年营业额7000万元左右，该企业的老板在我面前抱怨他的财务总监，“他连哪个产品赚钱多、哪个产品赚钱少，每个产品赚多少钱都搞不清楚。”其财务总监是老板从上市公司挖来的高中同学。其实，财务总监也搞不明白产品的盈利情况。因为没办法从业务部门向财务部门传递数据，业务和财务各有各的信息系统。并且，公司业务系统数据混乱，财务部门也懒得插手趟这个浑水。

以上就是对财务职能的几种必要的定位。民营企业老板只有具备了新常态下的财务新思维、与时俱进的财务价值观，并正确定位各项财务职能，才能让企业发展走上康庄大道。

财务能为企业做些什么

1. 钱流到哪里，我就管到哪里

什么是财务管理？我问过无数个老板和资深的财务总监，每个人都有不同的答案。在我看来，可以用一句比较通俗的话来探讨财务管理："钱流到哪里，我就管到哪里！"

哪些地方需要用钱？采购部、销售部、生产部、人事部、研发部、物流部……换句话说，只要用钱的地方，就是财务需要管的地方——财务不是财务部的财务，是企业的财务。

如图 2-1 所示，财务部门能为企业做的事情有很多，除了提供会计信息，还有绩效管理、预算管理、资产管理、分析报告、现金流管理，等等。但是许多管理者，特

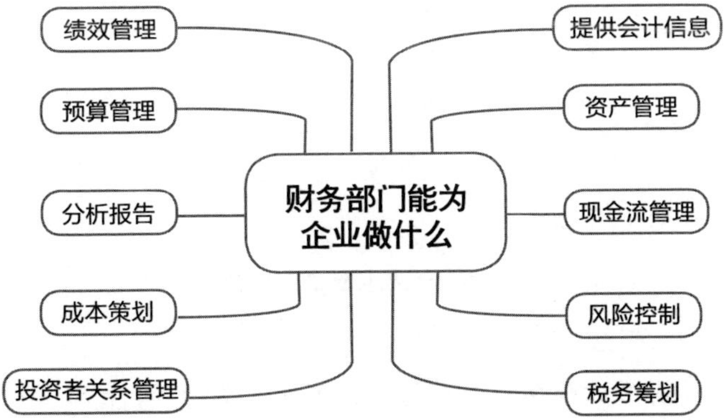

图 2-1 财务部门职能示意图

别是业务部门的人都以为财务仅仅是会计核算，是财务部门的事情，与业务部门无关。

2. 大财务与小财务

民营企业的财务可以分为两个阶段，即“小财务”阶段和“大财务”阶段。现在，无论是财务人员还是老板，对企业财务的认识基本都停留在“小财务”阶段。

所谓“小财务”，如图 2-2 所示，就是三件事：记账、报税和管钱，如果对财务的理解停留在这些内容，这就是典型的小财务思维。实际上，民营企业的财务不仅要做这些工作，更要体现“大财务”思维。

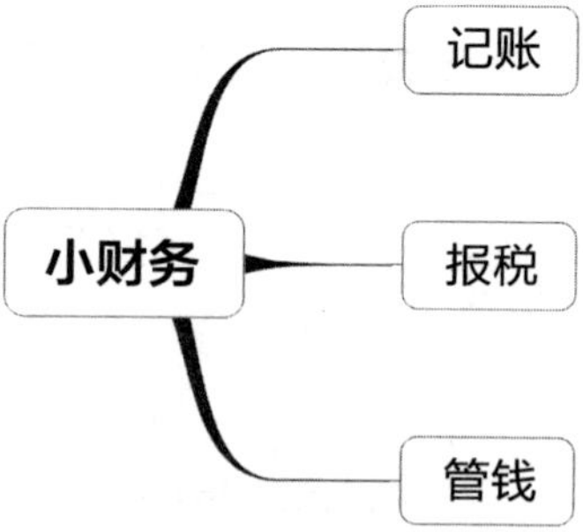

图 2-2 “小财务”阶段

所谓“大财务”，如图 2-3 所示，除了包含“小财务”的三项工作之外，还包含股权架构的设计、财务分析与决策支持、全面预算管理、税务筹划、成本分析控制、内控流程设计、风险管理、运营资金管理、客户信用管理、投资融资、并购重组、报价模型等，甚至老板要做一份商业计划书，这也属于“大财务”的概念。

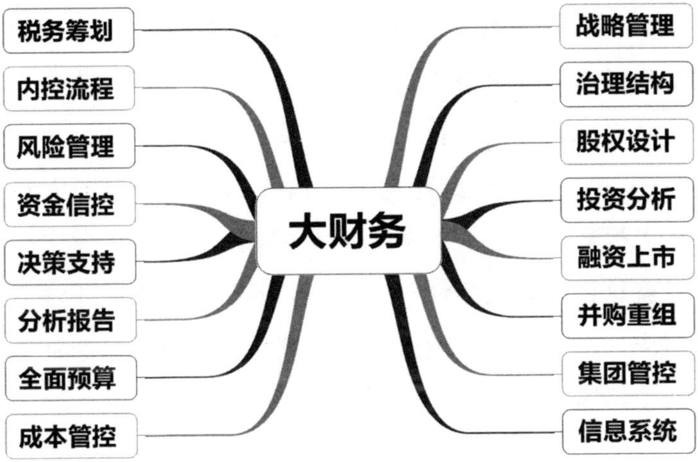

图 2-3 “大财务”阶段

也就是说，“大财务”不仅仅是做账算钱，更涉及企业管理的诸多方面，民营企业的财务只有走上“大财务”的层面，才能创造价值。

然而，很多老板对财务的认识还停留在“小财务”层面，觉得财务工作不会创造价值，甚至有些财务人员也有这样的想法。当老板和财务人员都保持这种错误的想法时，财务人员为企业创造的价值就很低，更加导致老板对财务不重视。

可是话又说回来，连老板都不知道财务人员到底应该做哪些事情才能给企业带来更大的价值，更何况财务人员自己。

3.为什么老板看不懂报表

有些老板会抱怨财务人员，认为财务人员没有向他们提交财务报表；财务人员也觉得很委屈，老板从来没说过想看什么报表，所以自己才没有提交报表；老板反问，自己也不知道财务人员究竟能给出什么报表；财务人员反驳，老板从来没说他需要什么财务报表。

就这样，老板不懂财务工作，而财务人员也不懂老板的需求，不会站在企业管理的角度思考，这就给企业造成了诸多问题。

财务人员给老板的报表常见的有两张：一张是资产负债表，另一张是利润表。偶尔财务人员还会提交一张现金流量表，而有关企业管理的报表，则很少提交给老板。

报表分为两类，一类是对外报表，一类是对内报表。对外报表主要给税务局、银行、工商局的工作人员参考，以资产负债表、利润表、现金流量表为主。很多财务人员用这种对外报表应付老板，这也是“小财务”思维导致的后果。而对内报表则是给老板和管理者提供的，针对企业管理实际需要设计的一系列各种格式的报表。

很多财务人员只给老板看外部报表，如资产负债表、利润表等，甚至连现金流量表都不给老板看，理由是会计准则规定现金流量表一年报送一次。而且老板从来没有要过，即使要了也不一定能看懂，所以干脆就不报了。

财务人员认为，最重要的报表是资产负债表，而从老板的角度讲，最需要的是现金流量表。

我曾经给一位河南的老板画了一张现金流量表，这张现金流量表是根据这家企业的实际情况画出来的，与财政部要求的标准格式不同（严格来说可以称为“现金流量表（内部版）”）。这位老板看到这张现金流量表后非常激动，说他想要这张表已经两年了，可是自己的财务人员从来没给自己看过。而该企业的财务人员看了以后有点不屑，说其实这张表非常简单，也没有什么特别之处。

我反问，既然如此简单，为什么不提供给老板呢？财务人员说老板也没说自己需要啊，其实自己一直都会做财务汇报，而且都是按照会计准则的规定做的，只是老板听不懂又不好意思问是老板自己的问题。我的说法是，按照会计准则的规定做报表，是解决对外的问题，而用老板看不懂的对外报表应付老板，是财务工作的失职。

我们要根据老板的情况和需要，做一套符合老板需求的、通俗易懂的、不需要解释和翻译的财务报表。

工具 现金流量表（老板专用版）

表 2–1 现金流量表（老板专用版）

期间： 年 月　　单位：人民币万元

项目	本期		上年同期	
	累计金额	本期金额	累计金额	本期金额
一、现金流入量	41,314.26			
1. 经营性现金流入量	19,573.69			
A. X1 产品	19,508.43			
B. X2 产品	0.00			
C. X3 产品	65.26			
2. 非经营性现金流入量	21,740.57			
A. 与集团往来	10,461.64			
B. 与外部往来	5,186.94			
C. 银行借款	6,092.00			
二、现金流出量	41,220.33			
1. 经营性现金流出量	16,333.51			
A. 材料采购付现	10,840.67			
B. 生产工人工资	700.56			
C. 其他人员工资	626.57			
D. 各项间接费用	2,185.12			
E. 各类销售提成	0.00			
F. 各种税金付现	1,531.50			
G. 其他	449.09			

（续表）

项目	本期		上年同期	
	累计金额	本期金额	累计金额	本期金额
2. 非经营性现金流出量	24,886.82			
A. 与集团往来	14,683.43			
B. 与外部往来	4,611.39			
C. 还银行贷款	5,592.00			
三、现金流量净额	93.93			
1. 经营性净现金流	3,240.18			
2. 非经营性净现金流	-3,146.25			
四、明日可动用现金余额	3,512.20			
1. 公司银行账户	2,216.00			
A. 公司基本户-建行	1,912.00			
B. 公司一般户-工行	304.00			
2. 私人银行卡	1,296.20			
A. 老板建行卡 1234	834.89			
B. 老板娘农行卡 2389	461.31			

说明：

（1）这张现金流量表（老板专用版）因为是给老板或管理者看的，不需要对外公布，所以没有统一格式，财务人员可以根据自己老板的需要，做出相应的修改或栏目的设计。

（2）类似的报表可以举一反三，其他老板看不懂的报表均可以要求财务人员设计成老板一看就懂的报表，文字表述也可以非常通俗。在我的《老板利润管控》课程中，就会讲到6张类似的老板一看就懂的财务报表，其背后的逻辑是一样的。

（3）老板要擅于向财务人员提要求，根据自己的需求，甚至爱好、习惯，把大致的报表格式划在纸上，然后告诉财务人员："这就是我想要的财务报表。"如果提不出要求，老板就需要立即提升自己的财务水平。如果提了要求，财务人员做不出来，那就安排财务人员去学习和提升财务技能，如学习类似《财务军团》这样专门打造"财务人员胜任力"的接地气的课程。

|第三章|

C A I W U D E L I L I A N G

3

财富战略思维

老板财务通道设计

当企业发展到一定规模时，企业就需要做股权架构的重新梳理，否则就会存在诸多问题，如多缴个人所得税、资金转移通道难以打通等问题。

如果改进财务管理的思维，进行股权架构的梳理，把集团旗下的各公司通过股权改造，实现集团化管理、财务管理一体化，那么，这些分散的“小船”就会变成“航空母舰”，具备非常强大的战斗力！并且会大大增强企业竞争能力，拓宽资源协调通道！

自然形成的公司股权架构

最近，一位从事保健食品行业的“80后”老板来参加《老板利润管控》课程的复训，在课间休息的时候与我聊天说最近两年时间，他迅速把企业做起来了，仅2018年一年就有4000万元左右的净利润。但是，他一下子不知道怎么管控这些突然增加的财富。

除了买了几套房子（其中有一套是600万元左右的别墅），还买了一层写字楼大约3000万元左右，买了200万元左右的理财保险……剩下的钱不知道怎么处置。关键是他这些钱基本都没怎么缴税，客户不需要发票，供应商也不给他提供发票。所以，也隐隐地有点担心，银行卡里面突然增加了这么多钱，万一国家税务部门来查的话，自己也解释不清楚，都是未完税收入。

关于财富，老板们一方面需要构建一个“财富地图”（财富布局图），另一方面也要注重收入合法性的塑造。

在众多的“财富布局图”中，除了有银行存款、保险、债权、股票、贵金属、房产、汽车、无形资产、古董字画等，还有非常重要的两项：一是“未来隐形投资”，如教育、慈善、人脉、子女；二是财富中最重要的一大块，就是“实业股权投资”。

这里，我们重点探讨“股权投资”的问题。当企业发展到一定规模时，需要重新梳理股权架构，否则就会出现诸多问题，如多缴个人所得税、资金转移通道难以打通等。

再者，民营企业中大多数为家族企业，在经历了二三十年的创业和发展，80%已有相当规模的民营企业在未来3~10年内都将面临交接班问题。由于民营企业的股权高度集中在少数家族成员手中，交接班将会引发企业股权结构的变更问题。

股权结构问题几乎是家族企业最核心、最容易产生纠纷的问题，同时股权结构设计往往又涉及家族成员分家、吸收外部投资者、产业上市等一系列复杂问题。

因此，如何设计合理的股权结构，使之既满足民营企业家现阶段对公司控制的需求，又能适应未来股权的变更交接，就成为我们财务咨询工作中时常遇到和需要量身定做的课题。

中国民营企业最常见的情况就是从一家公司做起，随着企业的发展与壮大，一步一步发展到拥有多家公司，基本都是根据需要逐步增加公司、注册新公司，并且绝大多数企业都是用自然人（如老板、老板娘，或者老板的亲戚、熟人）当股东，很少用法人企业当股东。

在公司发展和扩张的过程中，老板基本没有认真思考、设计过股权架构，这也是民营企业非常常见的一个问题。公司股权架构设计都是走一步看一步，公司的法人代表、股东等股权架构没有提前进行过规划和设计。

【案例】

广东某市有一家企业，这家企业的老板从20世纪90年代开始创业，以生产办公桌等家具起家，经过几年的发展，做得非常成功。

20世纪90年代末，很多国有企业开始改制，当时该市的一个百货大楼因为亏损要卖掉，市政府相关领导找到这位老板，建议他买下这栋大楼。该老板一方面有资金，另一方面认为听领导的话总没错，就收购了。刚买下大楼的时候也没有想好要做什么，因为百货大楼地理位置不错，买完以后才决定把这个大楼专门用于展示和销售家具。从此，这家企业开始涉及家具贸易、百货商场、商业地产等领域。

后来，这家商场经营有道，效益非常不错，当地政府又找到该老板，打算再划拨给他一块地皮让他开发。该老板获得土地以后，建大楼、盖酒店，赚了不少钱，接着又通过商业地产等名义向政府拿了大量土地，专门建设写字楼和住宅，正式进入房地产行业。

再后来，该老板成立了一家物业公司，收购了一家科技公司和一家材料公司。至此，该老板已经有了包括3家房地产公司、2家物业公司、4家酒店等共计22家公司。而这22家公司的股东集中在少数两位个人自然人手上（自然人股东），或者是老板本人，或者是老板夫人，接近100%的股份都是老板和夫人共有的，有个别公司的股份是由老板的弟弟代持，实际还是老板本人的。

直到现在，如图3－1所示，20年过去了，这些公司的股权架构始终是这种形式。

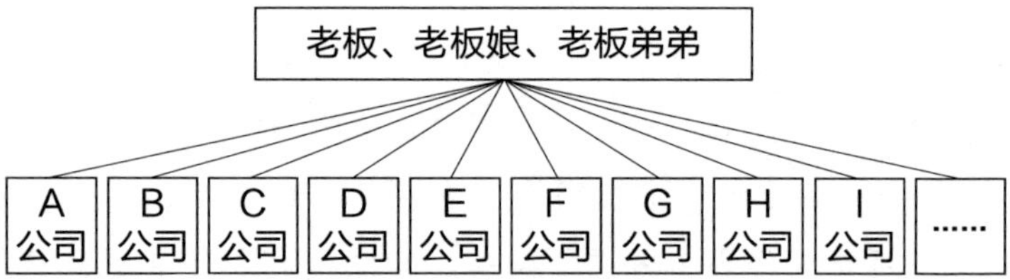

图3–1 公司股权架构形式

针对上述案例的情况，画出股权结构图后我们会发现，这些企业的股东都是自然人，公司与公司之间虽然存在一定的关系，但基本上都是平级。这样导致的结果是这些公司在发展壮大的过程中呈分散状态，不能形成叠加效益，没有战斗力。

【案例】

浙江某企业成立了21年，主营业务为建材生产制造与商业地产。下属有GH家居开发股份有限公司、年营业额1亿元左右的建材制造公司、年营业额2000万~3000万元的木工制板等，共11家企业。

该企业在建立初期，一直是生产建材，从2006年开始自营木材贸易（可以取得发票，降低成本，并可供应兄弟厂家），其中苏州办事处年营业额5000万元左右。后来，又单独成立销售公司（广东HZ建材有限公司）。

2003年，市建材市场要出售，老板就将其买了过来，企业开始介入商业地产板块。

2009年，该企业进入广西，拿了200亩地用来建设建材市场，但实际用不完200亩，于是成立了城市综合体，即大型购物中心、汽车城、酒店、GXGH集团有限公司，并派生出房地产、物业等业务领域。

2013年，该企业收购了广东FT及其塑料包装公司，这两家公司的营业额约5000万元（企业老板主要看重了这两家公司的土地，在某市中心唯一核心的工业用地）。

2013年该企业又以董事长的个人名义投资收购了MDJ百货商场……

上述两个案例情况相似，都是董事长、董事长夫人及董事长的弟弟三人持股，累计持有11家公司的股份，并且大多数情况下是董事长及夫人持有公司 95% 的股份，董事长亲戚持有 5% 的股份。

这样导致的结果是，在企业扩张发展的过程中未能形成关联，每一家企业就像是汪洋中的一叶小舟，虽有众多公司，却很难形成战斗力。

如果改进财务管理的思维，进行股权架构的梳理，把这些企业通过股权改造，实现集团化管理、财务管理一体化。那么这些分散的“小船”就会变成“航空母舰”，如图 3-2，改造后的企业具备非常强大的战斗力，大大增强企业竞争能力，拓宽资源协调通道！同时，梳理好企业的股权架构，也会极大地降低税务方面的风险。

企业原始形态　　股权改造以后

图 3-2　股权改造前后战斗力对比

这种自然形成的公司股权架构在民营企业非常普遍。除非是第二次创业，或者曾得到过财务高手的指点，或者经历过融资上市或资本市场的洗礼，否则在中小民营企业，自然人担任主体公司股东的情况是极为常见的。

这会为后面企业做大、上市、注销、税务筹划、进行股权激励和资本运作等埋下不少隐患。

不懂股权架构带来的后果

【案例】

有一个老板投资了一家食品公司，该食品公司的营业额大概是 1.7 亿元，很多客户购买完产品以后不要发票，因此这家食品公司存在大量的偷税漏税行为。

该老板为了降低税务风险，想要筹划一家公司上市，把老业务全部转移到新公司，把有大量的不合规行为的旧的食品公司注销掉。可是注销公司比较麻烦，因为除了税务风险问题之外，这家公司账上还有 6000 多万元的未分配利润。

原来，这家公司最初的投资注册资本金是 100 万元，这么多年从来没有分过钱，如果要注销，这 6000 万元的未分配利润会产生一笔个人所得税，税率是 20%，也就是 1200 万元。该老板想了各种方法，最后只缴了 450 万元的个人所得税。缴完这笔税款，该老板觉得很吃亏。这时，有位财务方面的讲师对他说，450 万元的代价已经很划算了，但如果能早点梳理股权架构，对财务有更深层次的理解，连这 450 万元都能节省下来。

很多民营企业老板对股权架构都不太理解，甚至没有意识到这是个问题。他们赚了不少钱，却基本上不给自己发工资，也不给自己分红，其原因是不想缴纳个人所得税，即使领工资，也只领 3500 元或 5000 元，按个税的起征点发工资，避免缴纳个人所得税。

这样做的结果是，老板个人缴纳的所得税少了，但企业缴纳的所得税却多了。因为老板没有领走属于自己的那份工资，导致企业成本降低，利润升高，而利润升高时，企业要缴纳的企业所得税就会增加。老板在缴纳完企业所得税以后再拿工资，这种行为叫作税后分红，还要再缴纳 20% 的个人所得税。

总的来说，老板为了省掉个人所得税，却要付出更大的代价。老板不给自己发工资，相当于躲过了一刀（发工资时的个人所得税），却挨了一枪（企业所得税）加一刀（分红时的个人所得税）。

还有的老板赚了钱以后从来不分红，把钱放在账上。夸张一点说，几乎全国民营企业的老板都是这样，赚钱从来不分红（因为分红需要缴纳个人所得税），但是老板个人缺钱的时候又从公司借款。

有些财务人员难免抱怨：钱都被老板拿走了，最后只给财务留下几张单据，让会计做账务处理，财务只好处理成“老板借款”或“股东借款”，而账上记录为“其他应收款-股东借款”。

这种做法导致国家很难收缴个人所得税，最终只能出台一个文件叫作“视同分红政策”，即股东年初向公司借钱，至年底12月31日没有还，也没有用于生产经营，就等同于向股东“分红”，要缴纳20%的个税；逾期一定时间，还要缴纳滞纳金。

当然，有些“聪明”的老板会想办法在12月31日之前还款，过了这一天又马上借走，可是年底正是融资成本极高的时候，老板可能会为了还款而付出更大的代价，有些老板甚至会在年底的时候借高利贷还公司的欠款。

还有些老板把问题完全模糊化，公私不分。企业是老板的，但也不完全是老板的，每家企业都要上缴25%的企业所得税。这相当于国家在任何一家企业都占了25%的干股，而且还是优先分红股。也就是说，企业要先把属于国家的税缴完，剩下的钱才能用来给自己、其他股东和员工分红。既然任何一家企业都有国家的股份在，那么老板就不能为所欲为。

现实中，有些企业老板拿着公司的钱去买别墅，房产证上写老板的名字，但钱是企业出的，依然是企业替老板还贷款。要是较起真来，相当于老板从公司借钱买了个人的房产，也相当于给股东做了利润分配（分红），需要缴纳20%的个人所得税。

然而，无知者无畏。有很多民营企业的老板不在乎这个问题，最后造成了很严重的后果。

如何重新梳理公司股权架构

接下来，我将用一个案例向大家讲解如何梳理公司的股权架构，使之趋于合理化。

【案例】

有一次，我被浙江某个企业的老板请去，花了一上午的时间与其探讨这家企业的股权架构问题。

事情是这样的：这家企业老板在20世纪90年代末开始创业，创建了一家做建材的公司，这也是他的第一家公司。后来，这家建材公司发展壮大，账（外账，或叫税务账）上有了1000万元的利润，老板就想开第二家公司，专门做工程。

那么，假如成立这个工程公司需要投资1000万元，有以下两种方法：

第一种方法，建材公司直接投资一个工程公司，花掉1000万元。

第二种方法，老板本人投资这个工程公司，钱可以顺利到位，注册资本金1000万元。

使用第一种方法可能导致的结果是：万一有一天建材公司想注销不做了，而工程公司越做越大时，建材公司将会无法注销，因为是建材公司投资的工程公司，而且建材公司承担了大量的税务风险，所以注销时会比较麻烦。

第二种方法可能导致的结果是：老板把30%的股份给了建材公司的高管，然后老板的注意力、精力和工作时间将会全部转移到工程公司上，如果工程公司赚了钱，拿一部分利润给工程公司高管分红，是正常的。但是如果工程公司的利润上缴给建材公司（母公司），再把这笔钱的一部分用来给建材公司的高管们分红，老板就不愿意了。他才不希望将工程公司辛辛苦苦赚的钱拿出一部分分给别人（非工程公司高管）。老板希望建材公司和工程公司能够分开，彼此是兄弟公司，出了事情谁也不影响谁，各公司高管分各公司的利润。

而要想两家公司成为兄弟公司，老板就应该直接把1000万元投资进来，而不是用建材公司投资。

那么，如何将建材公司账上的1000万元资金装进老板的口袋成了事情的关键因素。有人觉得老板可以直接把1000万元借走，但用这种方法，借走的钱永远在建材公司的账上，而且老板还要为此支付利息，资金通道没有打通；还有人觉得可以把钱分红给老板，可是根据法律规定，分红要缴纳20%的个人所得税，1000万元最终只剩下800万元，损失200万元。

我梳理了一下该公司的股权结构，就解决了这个问题。公司的原股权架构非常简单（见图3-3），股份都在老板手里，所以形成开设新公司的障碍。这个老板不应该直接投资建材公司、工程公司以及未来要投资的节能环保材料公司，而是应该首先成立一个X投资公司，在X投资公司下面开设建材公司、工程公司以及未来要成立的节能环保材料公司。其股权结构如图3-4所示。

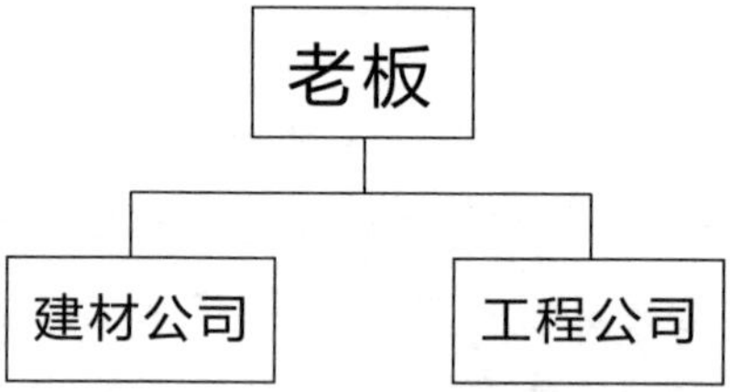

图3-3 公司原股权架构

在新的股权架构下建材公司有1000万元的利润要分红，就应该分给X投资公司，而X投资公司是一个法人，也是一家企业，不需要缴纳个人所得税。国家有规定，利润分给企

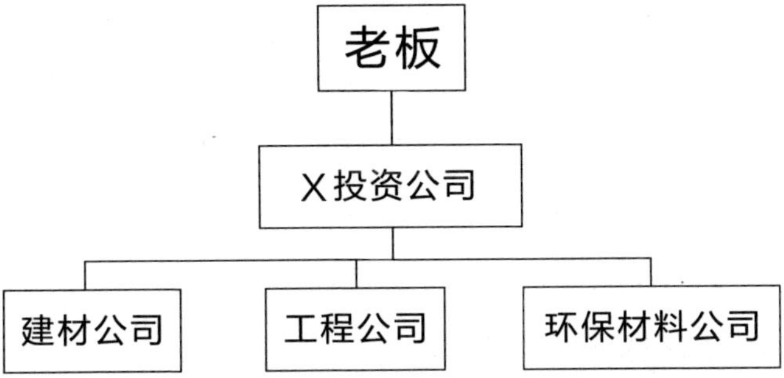

图 3-4 公司修改后的股权架构

业法人时，在法律上叫作“居民企业之间分红免税”，那么建材公司的利润分给X投资公司是免税的(但如果X投资公司把利润分给老板的话，老板依然要交纳所得税)。

现在，X投资公司有了1000万元，就可以用这1000万元投资成立工程公司。假设后来工程公司赚了800万元，并且建材公司又赚了500万元，一共1300万元的利润再分给X投资公司，那么X投资公司就可以用这1300万元来注册成立节能环保材料公司，并且不用缴纳个人所得税和企业所得税。

这样，融资的通道就打通了。但是注意：这四家公司的任何一家想要给老板分红，老板还是要缴纳个人所得税的。而只要资金在这几家公司转动（分红或投资），是不需要缴纳个人所得税的。

对于民营企业的老板来说，赚的钱会有一个财富分割点，一部分叫私人财富，一部分叫公司财富。其中，把钱从公司拿回家，变成私人财富则需要缴纳个人所得税。

当然，有些老板会问：我确实有需要，要把钱拿回家来花，怎么办？这时，可以这样计算：假如一个老板一年赚1000万元，而他一年只需要消费100万元或200万元就足够了，因为买房、买车、参加各种培训、管理咨询等都可以用X投资公司的钱。

所以，如果一个老板一年赚1000万元（净利润），可以把家庭和个人消费减少到最低，只消费100万元即可，剩下的900万元完全可以沉淀在X投资公司中。这900万元就可以省下20%的所得税，也就是省了180万元，但是带回家中消费的100万元是需要缴纳个人所得税的。也就是说，1000万元的营业利润只缴20万元的个人所得税即可。

梳理好企业架构，不但能够节省资金，还能把企业的资金通道完全打通，让老板的财富有了流动的空间。

在上述案例中，X投资公司没有任何业务，也不涉及开发票的问题，完全充当老板钱包的角色。这个投资公司当然也需要报税，可以零申报，也可以象征性地报几十或几百元钱的虚拟收入。

X投资公司只做一件事情，就是投资，然后接受分红。投资公司接受的分红是建材公司、工程公司和节能环保材料公司赚钱以后的分红，这部分分红的钱已经在相应公司缴过企业所得税了，所以X投资公司再接受分红的时候是不需要缴税的。

有些公司老板已经开设了几家公司，且在这些公司占有股份，不知道如何再设立一家X投资公司，其实这个情况操作起来比较简单。比如，老板可以找别人借1000万元用来成立X投资公司，然后这笔钱就到了X投资公司的账上。假设建材公司的注册资本金（净资产）是200万元，投资公司用200万元购买建材公司的股权，建材公司的股东最早就是老板本人，这相当于老板的X投资公司买了老板本人的股权。此时，X投资公司需要把这200万元支付给老板。在这个环节中，很多老板容易出现逻辑上的错误，认为X投资公司要把钱给建材公司，其实不是，这笔钱应该支付给建材公司的主人，也就是老板本人。这样，X投资公司可以把建材公司、工程公司、节能环保材料公司的股权全部买过来，费用全部支付给老板本人，老板拿到钱以后就可以还给别人了。

最理想的状况是X投资公司付出的钱正好等于这几家公司净资产的总和，但在股权购买的过程中还会产生税费。建材公司卖给X投资公司的时候会产生税费，税额取决于建材公司上报给税务局的资产负债表中的未分配利润或净资产的增值额。比如，建材公司最开始用100万元注册，现在净资产达到500万元，说明公司增值了400万元，那这 400 万元是需要缴税的，但这个税是一次性的，后面只要把企业股权架构梳理好，那么以后每年都可以省下不少的个人所得税。

工具 家族企业的股权架构设计参考

AA集团是一家产品制造与出口贸易企业集团，其原股权架构非常简单，如表 3–1 所示。

表 3–1 AA集团原股权架构表

公司	法人代表	股东	出资比例	出资额（万元）	总资本（万元）
AA集团	老板	老板	50%	1,554	5,180
		老板娘	30%	2,590	
		老板娘弟弟	20%	1,036	
AB实业	老板娘弟弟	老板	80%	4,000	5,000
		老板娘弟弟	20%	1,000	
AA贸易	老板	老板	80%	2,400	3,000
		老板娘弟弟	20%	600	
AA门业	老板娘	AA集团	10%	2,000	2,000
AA科技	老板	AA集团	100%	2,000	2,000
AA电子科技	老板娘	AA集团	100%	100	100
AA进出口	老板娘弟弟	AA集团	100%	100	100
AA艺术品	老板	AA集团	100%	100	100
AA塑胶	老板	AA集团	30%	90	90
		6 个自然人	70%	210	210

虽然该股权架构已经进行过集团化设计，并且为了满足成立集团公司的要求，特意在AA集团下面增设了几家公司，如AA实业、AA贸易、AA电子科技、AA门业、AA艺术品，等等。但是，在资金、税收、管理，以及企业长久发展方面，AA集团掌舵人未能完全梳理清晰和考虑周全。

两大家族（李氏与张氏）在同一个集团公司内占有股份，并且集团公司经营的是实业项目、主要产业，这时如果产生的利润需要分红，就会产生大量的个人所得税。如果企业当前不分红，则会形成大量的未分配利润，在后期股权变更的过程中也将产生大量的个人所得税，或者导致股东借款等税务风险。为此，集团老板请财务顾问来解决这个问题。

经过财务咨询顾问与企业老板、老板娘、财务总监多次开会，讨论股权改造方案，设计出了新的股权架构图（见图3-5），并对改造的步骤和注意事项做出了详细的规划，以避免操作错误造成税收和费用方面的增加。

股权架构图变革后带来的优势：

（1）老板李氏家族与老板娘弟弟张氏家族，两个家族之间产权清晰，有利于各自家族的财富传承。

（2）未来李、张两个家族的投资可以自由组合，既可独立投资，又可合资，合资时股份比例可以自由协商。

（3）两个家族的投资收益可以在各自的投资控股公司

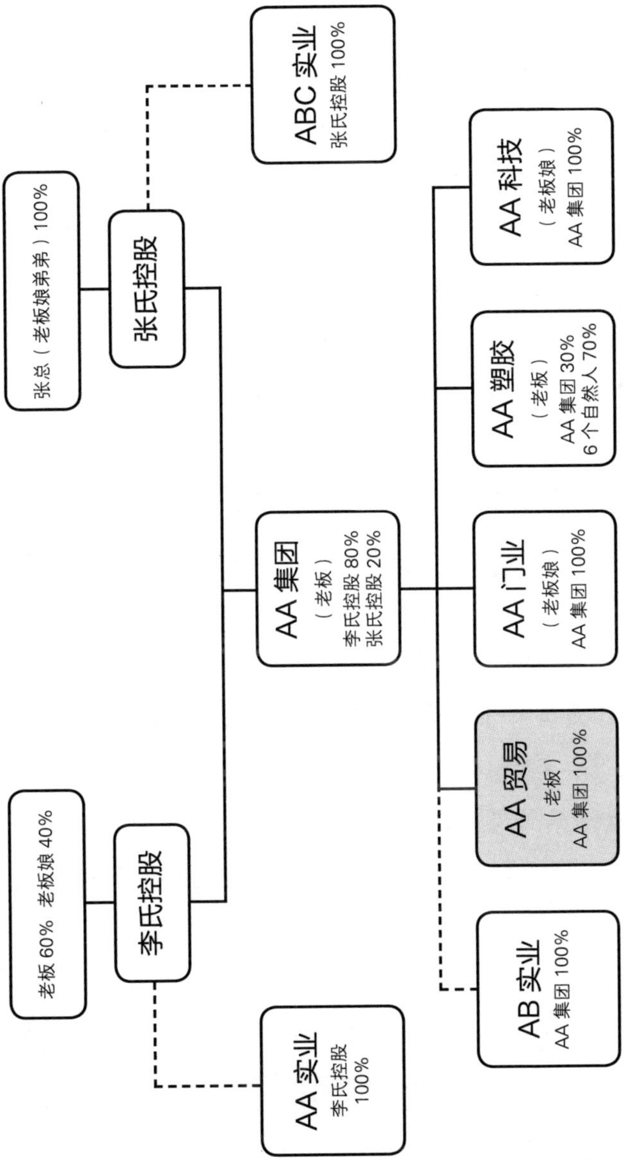

图 3-5 AA 集团企业股权架构重新改造后的设计图

沉淀，即李氏控股和张氏控股，不用分配到各自家庭，从而避免缴纳个人所得税。可减少的个人所得税的金额大约为除两家控股公司外的其他公司每年所得税后利润的20%。

（4）后期公司间股权交易操作方便，公司的买卖或股权的变更均可以通过控股公司操作，所得收益不用缴纳个人所得税。

（5）股权变更后，由于公司相互独立，各家公司可以各自融资贷款，并且可以合并融资贷款。进一步增强各家公司的融资能力，也便于融资时相互担保。

（6）企业在发展一段时间后，可吸纳家庭企业以外的成员加入公司核心管理层。两个家族之外的股东想要参股，在这种情况下也更容易。家庭控股公司保持绝对控股，拿出一部分股份给新进入的股东，操作容易，股权清晰。

AA集团董事长看了新的股权结构图后，幽默地说道："我看明白了，李氏控股公司就是我们家的钱袋子，张氏控股公司就是弟弟家的钱袋子，以后我要干什么就从李氏控股公司拿钱，弟弟要拿钱就从张氏控股公司拿，这个东西好！"

|第四章|

C A I W U D E L I L I A N G

财务扩张思维

财务战略扩张模式

4

财务战略是主要涉及财务性质的战略，因此属于财务管理范畴。基于财务管理，考虑企业财务领域全局性的长期发展方向。

企业的战略目标、发展扩张目标可以用三个数字表达出来：收入、利润和现金。其实，企业管理也就是把大量的业务行为用数字的方式表达出来。

企业战略到财务战略：目标数字化

财务战略就是企业财务决策者为使企业在较长时期（如五年以上）内得到生存和发展，在充分预测、分析、估量影响企业长期发展的内外部各种因素的基础上，对企业财务做出的长远谋略。财务战略管理是为实现企业战略目标和加强企业竞争优势所运用的分析工具，是确认企业的竞争地位后对财务战略的决策与选择、实施与控制、计量与评价等活动进行全局性、长期性及创造性的谋划过程。

企业扩张时资源如何调配？资本结构与融资如何匹配企业战略？资本市场何时进入？财务在对企业战略的支撑中有没有自身的高端设计和安排？

财务战略是主要涉及财务性质的战略，因此属于财务管理范畴。基于财务管理，考虑企业财务领域全局性的长期发展方向。

资产、资金、财务信息及财务人员等构成的财务资源都是企业财务战略中需要考虑的内容。但财务战略最主要还是考虑资金、资源的使用和管理方面的战略问题。可以说，财务战略就是“钱”的战略，在支撑公司战略发展、增长模式、竞争优势的资源配置下，兼顾速度和效率，钱、资本从哪里来？这是财务战略的核心。

很多民营企业的老板都有一个美好的梦想，想要把自己的企业做成某某行业的第一名，或者某某地区第一品牌，可是当问到企业战略是否制定完毕，如何用数字的方式来表达企业战略时，老板往往思路不清晰。

有一位老板说，要把自己的企业做成西南地区培训行业的第一名，我问他是否知道衡量西南地区培训行业第一名的指标有哪些。他完全不知道，反问我有哪些具体指标。我说，最重要的是收入指标，西南地区培训行业最大的公司一年收入大概是5000万元，你要成为第一名，年收入必须要达到5000万元。这个老板对此非常认可。

把企业的战略目标、发展扩张目标用数字的形式表达出来只需要三个数字：收入、利润和现金。其实，企业管理也就是把大量的业务行为用数字的方式表达出来。

财务扩张战略铁三角

如图 4-1 所示，财务扩张战略铁三角的三个角，分别是收入、利润和现金。从某种意义上说，做企业的过程就是做这三个角的过程。企业越大，这三个角就越大。

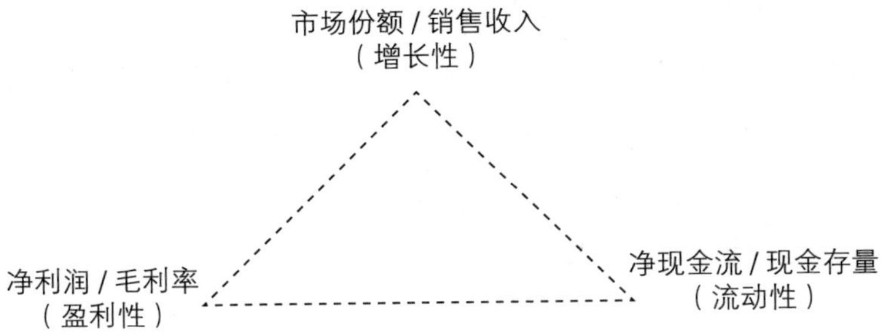

图 4-1 企业扩张战略铁三角

很多人认为在企业扩张的过程中，因为时间、资源、投入等各方面的原因，很难把这三个角同时做得特别大。但是，有一家公司做到了——苹果公司。

天才乔布斯把苹果公司的三个角都做得非常大：第一，苹果公司的收入非常高；第二，它的毛利率非常高，苹果公司的毛利率一般在 40% 以上，当利润率低于 38% 的时候，苹果公司的管理层就开始紧张，想方设法把利润率恢复到 40% 以上，同样的一款手机，在成本相差不大的情况下，其他品牌都只卖两三千，苹果却卖到了五六千；第三，苹果公司的现金流非常好，其他企业的财务总监都在愁没有钱，苹果公司的财务总监却在愁钱太多怎么办。

据有关数据显示，苹果公司账上的现金储备约 2000 亿元美金，折合人民币 13000 多亿元。

苹果公司的财务总监面对这些钱非常犯愁，没办法只能给股东分红，可是一给苹果的股东们分红，股东们就非常不高兴，埋怨财务总监不应该分红，苹果公司的财务总监也很委屈，他找不到其他的投资渠道。股东们强烈要求把钱放回苹果公司，因为这样的投资回报率最高。分给股东，股东们也找不到更好的投资渠道。

除了苹果等极少数公司，绝大多数的公司都没有齐头并进把这三个角（收入、利润、现金）做好的。所以，在某一个时间段，重点做好某一个角，就成了企业财务扩张的选择。

3 种财务扩张策略

1.利润优先型：牺牲现金流换取收入扩张

收入可以用“市场份额”这个词来代替，所谓“牺牲现金流换取收入扩张”，就是保持利润不变，牺牲现金流来保证收入和市场份额的迅速扩张（见图 4-2）。这种策略可以用两个通俗的字概括——赊销。

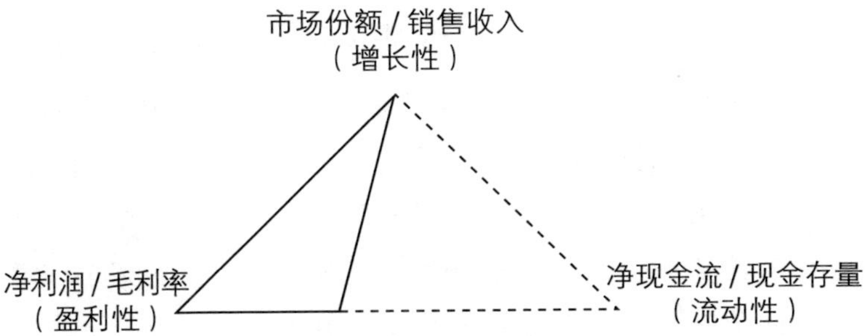

图 4-2 牺牲现金流换取收入增长模式图

比如，原来做生意是一手交钱一手交货，现在变成先交货，几个月以后再付钱。使用这种方法，产品的销量一定会好很多，这就是牺牲现金换取收入的扩张。但是，使用这种方法的企业有个前提：自己有钱或是股东、投资人有钱，又或者跟银行有千丝万缕的股权关系。如果企业账上没有足够的现金流，是肯定不能用这种方法的，否则企业只会死得更快、更惨。

在浙江义乌、永康、诸暨等地有不少老板跑路，就是因为企业现金流出了问题，没办法只能去借高利贷，最后无法偿还只好跑路。前一段时间，我派了团队中一个咨询老师去诸暨的一家企业考察，考察了三四天后发现，这家企业没有用好“牺牲现金流”这个方法，导致公司现金流出了问题。

【案例】

三一重工和中联重科都是在湖南长沙做重型机械的企业，两家企业的产品和规模都非常不错。其中，三一重工是纯民营企业，而中联重科虽然现在是民营企业，却是后来改制的。

这两家企业在竞争的过程中使用了很多方法，其中中联重科就用了“现金流战争”这种方法。以前买三一重工的设备需要付两到三成的首付，而中联重科由于账上的现金流丰富，直接把两到三成的首付降为零首付，一下把三一重工的客户抢来不少。之前，中联重科与三一重工之间还是有一定的差距的，中联重科用了这一招，就把自己的市场份额提高到与三一重工不相上下。

后来，三一重工也用零首付这种方法抢占市场份额，虽然抢回了一部分客户，但是三一重工的资金储备在上市过程中出现了一些问题，迫于资金的压力，又不得不恢复两到三成的首付。

这就是典型的“用现金流换取收入”的方法，站在中联重科的角度上，这种方法用得非常成功。

2.现金优先型：牺牲利润换取收入增长

企业迅速扩张的过程中一定要保证现金流，在保证现金流的情况下，可用牺牲利润换取收入的增长和市场的扩张。如图 4-3。

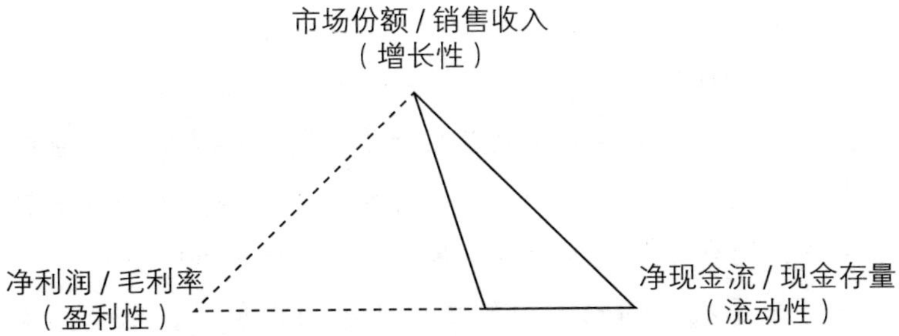

图 4-3 牺牲利润换取收入增长模式图

使用这种方法的案例非常多，最为大众熟知的就是小米。人们在谈论互联网思维的时候，小米公司屡屡被作为范例谈及。互联网思维最早是由百度的董事长李彦宏提出的，却被小米发挥到极致。

【案例】

2011 年，小米手机刚问世才卖 1999 元。而那个时候，与小米竞争的其他品牌手机都卖 4999 元或 4600 元。一个人上街买衣服，商场打九折，顾客往往没有感觉；打七折，顾客会有一点点感觉；而如果打五折，顾客才会很有感觉。在别人都卖 4600 多元的时候，小米不到 2000 元的价格相当于打了五折，所以小米手机一下子卖得很火。此时，小米手机基本上是不赚钱的，但只是前面的 30 万台不赚钱。后来，小米第一代手机推出一周年的时候，卖了 352 万台。

小米手机只有一小部分不赚钱，到后来赚钱的时候，小米手机的毛利高达每台 650~700 元。

奇虎 360 公司的董事长周鸿祎看到小米手机做得非常火，也想试试，于是开始调查生产手机的各项成本，调查结果出来连他自己都吓了一跳，一开始他天真地以为小米手机不赚钱，调查完才发现一台小米手机的利润有 600 多元。

小米手机刚问世的时候成本比较高，但是，电子元器件的价格随着市场的变化慢慢下降，于是开始的时候要想办法少卖一些，因为卖得越多赔得越多，所以小米手机最典型的营销手段叫作“饥饿营销”，后来手机产量越来越高并且原材料价格越来越低，这时就可以多卖。

从最开始的不赚钱到后来的赚钱，利润这个角从锐角变成钝角，实现了整体的扩张。小米在迅速扩张收入的时候也没有忘记现金流。用户购买手机的时候，通过支付宝等线上方式把钱支付给小米，小米用这部分钱买配件，然后生产，生产后再寄给用户，整个过程中现金流非常健康，只是牺牲了利润。

3.务实性策略：提高现金和利润，控制收入增长

务实性策略是财务咨询公司比较喜欢使用的一种策略，所谓务实性策略，就是不着急扩张收入，也不着急抢占市场份额，更无所谓谁是行业老大，一心只想要利润；其次是现金，不赚钱的生意不做、不给钱的买卖也不干。通过提高现金和利润额来控制收入增长的节奏。如图 4-4。

【案例一】

比如，一个财务老师课讲得非常好，那么他的课程一定是非常受欢迎的。我刚开始做培训的时候课程并不多，

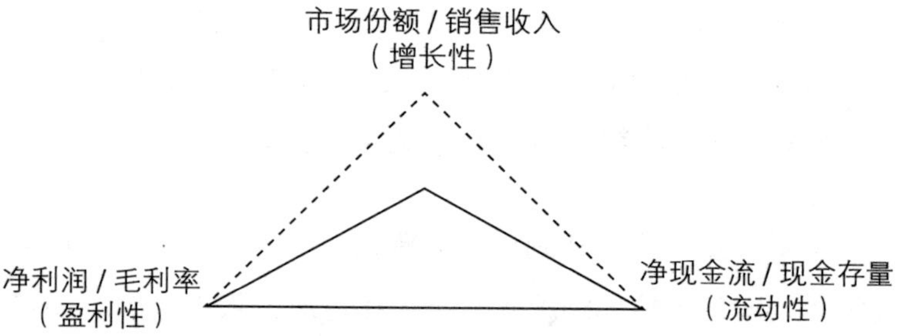

图 4-4　通过提高现金和利润额控制收入增长的模式图

可是过了不久，找我讲课的人越来越多。曾经有一个单位的负责人给我打电话，让我下年不要接别人的邀讲，只给他的企业做培训，一年至少有 200 天有课。可是我觉得，身为一名培训师，一年最多能讲 100 天课，因为老师要做调研、要写书，还要休息、陪家人。正常情况下，一年讲 100 天课是比较合理的。

后来，我的讲课邀请越来越多，我就想把时间控制下来，原来一天课 1 万元，后来就变成 2 万元一天甚至 5 万元一天，提高价格、提高利润来限制收入增长。可是，我发现仅提高价格也不行。

有一次，一个央企给我打电话，说全国各省的总经理都来总部开会，想让我去讲课，时间定在了本月 26 日，我说 26 日已经有安排了，可这个央企的培训项目负责人让我把那边的课程推掉，并且愿意承担为此产生的全部违约金。遇到这样的客户，我觉得仅提高价格还不行，必须要在预订课程的时候就全额付款，我在去机场之前先问助理课程费有没有到账，如果没有到账，视同取消课程。这样通过现金流的方式人为地控制收入增长。

有些公司也是这么做的。比如三星，三星手机刚进入中国的时候就用了这种方法。

【案例二】

2003 年，三星手机刚进入中国，虽然外形非常不错，但是价格非常昂贵，销量也低，市场份额小。三星并没有急于扩张，也没有通过降价等方式提高市场份额，而是大量积累利润和现金流，将利润投入到研发上，提高整体实力。

三星刚进入中国的时候实力并不强大，后来在摩托罗拉经营失误的时候迅速降低价格，放宽现金流条件，实现了收入的迅速增长，取代摩托罗拉成为行业的第三名。再后来又在诺基亚出问题时迅速取代诺基亚，成为行业第一。

有人说，三星公司和苹果公司赚了手机行业 110% 的利润，因为其他的手机品牌不但没有赚钱，还亏了 10%。

手机行业的利润如此丰厚，但三星手机并没有从一开始就追求市场份额，而是稳稳做事，先把钱赚到手，有了实力以后再扩张。

以上就是企业财务扩张的三种模式。

很多企业老板脑海中都或多或少地存在这种思维，却没有形成公司财务扩张战略。财务人员要做的事情，就是把这些事情与老板探讨清楚，形成数字化表格，进行战略管控。企业可以牺牲利润到什么程度、企业牺牲现金流的底线是什么，这些都需要与老板探讨清楚。

当然，在一般情况下，不建议企业牺牲现金流，除非企业的现金流足够庞大。

【案例三】

最近，有两个打车软件一直在大量贴钱抢占市场份额，一个是滴滴；一个是快的。号称要“烧”10 亿元来补贴出租车和乘客，这就是通过现金流来换取市场的迅速扩张。

后来，我计算了一下，发现这两个打车软件在现金方面也没有牺牲得太狠，因为乘客把钱付给出租车司机，钱全部存在滴滴或快的的账上，滴滴和快的可以用这部分钱来补贴现金流，所以滴滴和快的根本花不了 10 亿元，也许资金还会富余。

三种不同的财务战略选择，本身没有对错之分，定位是否合适需要看企业的实际情况；当你的企业面临同样的财务战略抉择时，需要做出同样认真的思考，三思而后行。

老板要懂得运用这样的思维来进行预算，在扩张的过程中，一段时间扩张这一个角，过一段时间扩张另一个角，最终实现三个角同时做大。

工具 财务增长战略之平衡三角

表 4–1 财务增长战略之平衡三角

战略类型选择	时间段	原因说明
利润优先型		
现金优先型		
务实性策略		

工具说明：

（1）收入、利润、现金是相对概念，要与自己企业的历史情况、现阶段情况、同行业情况等相比较。在增长发展战略中，不宜三个角齐头并进，应先突出某一个角或某两个角，即所谓“集中优势兵力打歼灭战”！

（2）财务扩张战略一定要分解成具体目标和数据，并落实到每一个人身上，与其绩效工资或奖金挂钩，否则某一战略选择再好，也只是管理者一时“拍脑袋”的想法。

避免误区：

（1）三种扩张战略类型，并不是企业一定都得选择使用，某企业可能选其中一种，也可以选其中两种。

（2）也可在这一阶段时间采用这一种，在下一阶段时间采用另一种。

（3）整个企业还可以按产品或事业部划分。比如这个产品系列是收入优先型，另一种产品是利润优先型。

【案例】

某公司成立于2013年6月，到2014年已实现收入增长11倍，其增长速度之快，在整个行业都是极为罕见的，就是因为其在起步阶段采用的是收入优先增长型战略。2015年度销售收入接近4亿元，此时产品价格逐渐调高，但是客户数量并未减少，只是增长速度变慢，利润仍大量增长，为公司集聚了大量的现金利润，使公司可以投入近5000万元研发众多的新产品，为下一阶段公司的扩张打下基础。如表4－2所示。

表 4–2 公司财务增长战略表

战略类型选择	时间段	原因说明
收入优先型	2013 年 5 月—2014 年 12 月	1. 公司初创业阶段，品牌知名度低 2. 客户基础弱，但产品质量好，需要更多客户体验 3. 忽略利润、低价策略下，产品销售急剧扩张，收入增长迅猛，快速抢占市场
利润优先型	2014 年 1 月—2015 年 12 月	1. 企业品牌已经成型，知名度高，客户口碑效应极好，转介绍率高，营销成本相对降低 2. 产品价值大大提升，原有价格过低，客户愿意接受更高的价格 3. 为控制客户增长速度，保证产品交付质量
现金优先型	2013 年 6 月至今	1. 行业与商业模式决定，未付全款的不是客户 2. 现金预收策略，可以支撑企业的快速扩张

|第五章|

C A I W U D E L I L I A N G

现金盈利思维

财务盈利模式设计

5

有一句话说，“羊毛出在猪身上，让狗买单”。企业在竞争激烈的时候，能够创新自己的盈利模式，开辟第二盈利通道，也是企业在经济转型时期非常重要的一项举措。

财务管理中有一条思维叫作“现金为王”，即现金与利润相比，现金更加重要。利润相当于面包，而现金相当于空气，没有面包还可以活几天，可是没有空气最多活几分钟，这就是现金和利润的关系。

现金重要还是利润重要

近几年来，随着移动互联网技术的广泛应用，许多企业的商业模式进行了极大的创新。

企业是要盈利赚钱的，但是靠传统买进卖出的赚钱方式已经不再是唯一的商业模式了。在不同服务模式和商业模式下，可以赚取不同的钱。

有一句话说，“羊毛出在猪身上，让狗买单”。企业在竞争激烈的时候，能够创新自己的盈利模式，开辟第二盈利通道，也是企业在经济转型时期非常重要的一项举措。

在培训课堂上，我多次和大家分享过，利润有三种：经营利润、现金利润、税务利润。有的企业少赚，甚至不赚经营利润或产品利润，主要是赚现金利润。即企业在经营周转的过程中产生大量剩余运营资金，然后用运营资金实现钱生钱，如支付宝、京东等企业。

许多老板还停留在赚取经营利润或产品利润的阶段，

因此他们对现金和利润的认识非常有必要再提升一个层次，这也是财务管理中非常重要的思想。

在企业管理过程中，最重要的一个资源就是现金，我在“财务扩张思维”一章中也提到过，在企业要做大的铁三角中，最重要的两个角就是现金和利润。

关于现金和利润的关系，财务管理中有一条思维叫作“现金为王”，意思是现金与利润相比，现金更加重要。利润相当于面包，而现金相当于空气，没有面包还可以活几天，可是没有空气最多活几分钟，这就是现金和利润的关系。

没有现金，企业发不出工资、资金链断裂、员工离职，企业很可能一下子就面临崩盘。没有利润，虽然企业当时亏损，却未必会倒闭，也就是说，即使没有利润，只要企业还有现金，就能继续存活。所以，现金比利润更加重要。

【案例一】

有一个人投资 100 万元做生意，现金支付买原材料就用了 70 万元，生产加工过程等又花了 20 万元。最终，这些产品卖了 100 万元。那么他是赚了还是赔了？

经过计算，很显然他赚了 10 万元。但是这 100 万元的收入暂时不能到账，要三个月以后才能到账，也就是说在未来的三个月中，这个老板只能用手中的10万元维持运营。

如果没有别的资金来源，接下来这三个月，这个企业恐怕要暂时停产歇业了。仅10万元的流动资金对企业运营来说有一定的难度。

实际上，很多企业在资金运营的过程中都出现过类似问题。资金问题往往是大问题，企业破产倒闭多数是因为资金链断裂导致的。而企业资金链断裂，又多数是因为老板对资金缺乏管理能力和管理意识导致的，要么投资过猛，要么扩张过快，要么经营不善等，都可能导致企业破产倒闭。

前段时间我帮一家找我做财务咨询案的公司招聘了一名财务经理，他原来在一家房地产公司任财务经理，但是到他辞职时，他已经连续5个多月没领过工资了。所以，在面试时，他对所求职单位的现金流是否正常、会不会再次出现发不出工资的情况异常敏感。

【案例二】

我在一次讲课时见到浙江某企业的老板，在与他谈话的过程中，我发现这位老板的脸色始终很差，整个人的精神状态也不好。

通过聊天得知，这家企业已经处于资金链断裂的边缘。原来，该企业每年的营业额大概是5000多万元，有大概不到500万元的利润，但是这家企业向银行贷款了5000多万元，几乎把所有的固定资产都抵押进去了。除此之外，该企业老板又借了近3000万元的高利贷。

最后一算账才发现，每年的利润还不够偿还银行贷款及高利贷利息的。最关键的是，这家企业在经营的过程中长期没有给供应商付款，供应商已经开始断货了。所以，这位老板很是发愁：虽然仓库里还有一部分原材料，但是这些原材料用完就只能停产了。

就是这样一家企业，销售、员工都没有问题，虽然内部管理粗放了些，但如果他的财务管理基本正常的话，还不至于倒闭，最终却因为资金的问题濒临倒闭。

虽然我很想帮助这个老板，但是公司已经运营成这样，我也是心有余而力不足。所以，如果企业一开始不注重现金流的管理，不站在财务管理的角度思考现金的运营问题，等到企业真的出现上述案例中的状况，就没那么容易解决了。

我向他建议，要么把公司打包出售、转让卖掉，或者找到一个有钱的投资人，注入更多的资金进来；要么和债权人商量，是否能尝试“债转股”。

实在不行，万不得已就只有最后一招了——申请破产。当然，企业破产倒闭，千万不要影响老板的身家性命，如因融资诈骗、骗贷、非法集资、伪造票据、职务侵占等导致老板家破人亡。许多老板把企业和个人身家性命合为一体，一荣俱荣，一损俱损。这样做是否值得？

当然一方面，要提前做好风险防范，不能因为企业出现问题就导致老板的家庭出现问题；另一方面，要树立“以终为始”的思维，企业终究是要倒闭关门的，它会在什么时候以何种形式关门？是资金链断裂吗？如果是因为资金问题，老板现在应该怎么做才能避免出现资金问题？应该注意什么？做哪些准备？应该学些什么？

企业不缺钱的 7 大秘诀

我曾经遇到过江苏苏州的一个老板，他向我请教问题的时候，从口袋里掏出手机递给我看，并说：“你们的销售人员给我发了一条短信，短信里面提到了‘企业缺钱的七大原因’，这七大原因我的企业都出现了，所以想找您给我们一些财务上的支援……”

我们讲企业不缺钱的七大秘诀，可以先分析企业资金链出现问题的原因、运营现金紧张的原因等。一个企业只要不出现这些导致资金短缺的情况，就可永不缺钱。

1.不过度投资

投资分为两类，一类是对外的，即成立分公司；一类是对内的，比如购买固定资产、存货等。无论是哪种投资，都需要企业有强大的资金链。

有一个典型的案例，著名企业家史玉柱曾经在运营“脑黄金”和巨人集团的时候，企业本身的现金流是没有问题的，但是当时因为史玉柱对财务、金融不够熟悉，用大量的资金来盖大厦（投资固定资产），投资过度，资金调度出现问题从而导致崩盘，最终导致了巨人集团的惨败。

2.不过度负债

过度负债本身不是问题，不会导致企业资金链断裂。问题是企业过度投资或者在运营过程中因为其他原因大量借债、频繁使用财务杠杆。财务杠杆使用多了，就容易出现问题。银行的政策“狡猾”得很。理论上，银行可以支持“借新债还旧债”，不过前提是企业先把旧债还掉，才能借新债。如果有一天企业把欠银行的旧债还了，可是银行却说话不算数，不再借新债给你，那企业的资金链就立刻断裂了。

3.不过度运营

企业的发展可以适当放慢速度，不要一下子增长太快，也不要一下子销售太多产品。有些企业一下子接到一笔大订单，于是就开始迅速地发展，原材料不够就买原材料、生产线不够就买生产线、员工不够就大量招聘……这些都需要资金的投入，而资金的回收需要一定的时间和周期。一旦现金流跟不上要求，企业立马就会陷入资金困境，这就是过度运营导致的。

【案例】

北京有一家专门生产交通检测工具的公司，员工不多，只有 20 多人，一年营业额 1000 万元左右。这其实是一个非常小的公司，后来被上级的某个领导看中，这位领导到这家企业考察以后说，这将是一个很好的行业，市场空间也很大，不应该只有 1000 多万元的营业额。

上级领导关注此事不久，这家公司在 5 月换了一个总经理，新上任的总经理李总非常勤奋敬业，几乎每天都在工作，不是在出差跑订单，就是在施工现场……

李总上任3个月的时候，这家企业就已经接了3000多万元的业务订单。这家企业以前一年的营业额才1000多万元，如今一个季度就3000多万元，扩张太快了，融资贷款通道未打通，总经理和财务科长也都缺乏财务管理的能力和资金调配的资源。

结果到了11月的时候，这家企业就面临着资金链断裂的问题，不得不停业，寻求被收购，整体打包出售。

4. 不过度赊销

前面讲"财务扩张战略铁三角"的时候提到过，企业可以通过放宽信用条件进行赊销的方式来扩张。但是赊销的前提条件是企业有足够的现金，而且账上的现金能够支撑企业打赢价格战。

如果企业是被动的、无奈的，在谈判格局中因为自身实力问题而不得不赊销，那么企业最终就会面临资金链断裂的风险。

什么是应收账款？应收账款本质上就是通过给客户提供投资和无息贷款的形式来提升企业市场份额的一种行为。

应收账款一笔收不回来，十笔业务白做。也就是说100万元的应收款出现坏账，假如按10%的纯利润计算，要做1000万元的销售收入才能弥补这100万元坏账造成的损失。

5.不过度压货

有些企业没有控制好原材料和产成品，导致仓库大量存货，而存货占用了企业现金。财务思维认为：存货就是打了捆的钞票放在仓库里，所以存货就等于钞票，但是聪明的企业家不会把钞票打成捆放在仓库里。

我曾经给山西太原的一家企业做咨询，这家企业有大量的原材料、产成品堆在院子里，两三年没有处理都生锈了，我忍不住问这些东西是不是都没有用，老板说这些其实都是有用的。经过盘点，这些堆在院子里的东西竟然也值 200 多万元，可这 200 多万元的东西就这样堆在院子里无人问津。这就是存货管理不善导致的结果。

企业存货越多，资金消耗也越多。民营企业一个非常严重的问题就是存货管理失控。有些老板甚至认为存货是“永远无法对清楚账的”，大概估算一下就不错了，可见老板们对存货的绝望程度。

6.预防经营不善

有些企业在经营中会出现亏损，亏损本身不会导致资金链断裂，但是亏损时间久了，企业的现金流就会受影响。

如果企业一直亏损，那么这种亏损最终都会以现金的形式来买单。所以，经营不善也是企业缺钱的一个主要原因。

7.资金通道通畅

企业是在缺钱的时候融资，还是在不缺钱的时候融资？企业一旦出现资金断裂，这时再考虑去银行或金融机构融资，是否来得及？并且，如果我们从来没有与金融机构发生过借贷关系，企业的信用从何而来？没借过钱的企业是否是有信用的企业？

什么是讲信用的人？就是“说得出、做得到”。假如从来没说过一句话或一句承诺，那还是说得出、做得到的人吗？也就是说，企业要在资金正常时，不断地借款、还款，再借款、再还款。通过这种方式建立与金融机构的合作关系，打通资金通道，塑造企业的信用，届时一旦需要资金，就可以保证资金迅速到位。

当然，还有其他原因，如经济危机、通货膨胀、环保问题等也是企业缺钱的原因，所以也要防范这些问题的产生。

【案例】

河南的一家化工企业曾经考虑在工业园中建厂，后来因为成本原因，把厂建在了镇子旁边的一个工业用地上。刚开始的时候，附近村民都没什么意识。这家企业产量也不大，只是污染了小范围的环境。几年以后，有少部分村民来找企业索赔，老板也没太当回事，毕竟赔偿金额不是太多。

再后来，越来越多的附近居民来找企业索赔。这时老板觉得，如果再不搬到工业园区去麻烦会更大。这家企业每年给附近居民的赔偿费用都将近1000万元，几乎等于企业的利润，再这样发展下去，企业的利润就所剩无几了。

所以，这些突发事件、环保问题等，也是导致企业缺钱的一个重要原因。要让企业不缺钱，一方面是从内部想办法，另一方面是从外部想办法。

史玉柱先生是个营销奇才，当年因为财务管控出现问题，巨人集团资金链断裂而失败。

但他痛定思痛，不断提升和学习，并总结了两大教训：一是再也不盖3层以上的办公楼（巨人集团因盖办公大楼而投入大量现金，最终固定资产投资过度，导致现金流断裂）；二是再也不会和银行等金融机构没有往来（当年银行关系未打通，资金断裂时没能得到银行的资金支持）。

所以，后来一有多余的现金，他就会购买民生银行的股份，与银行产生强大连接，成为银行的股东。

现金效率公式

企业究竟怎样才能不缺钱？回答这个问题需要掌握一个公式，即现金缺口公式。

现金缺口（运营周期）= 存货周转天数 + 应收账款周转天数 - 应付账款周转天数

现金缺口或运营周期，即从使用资金购买原材料到实现销售收回资金的时间。企业运营周期短，资产的周转速度快，企业经营效率越高，管理也越好。反之，一切则会相反。图 5-1 揭示了企业资金的创造机制。

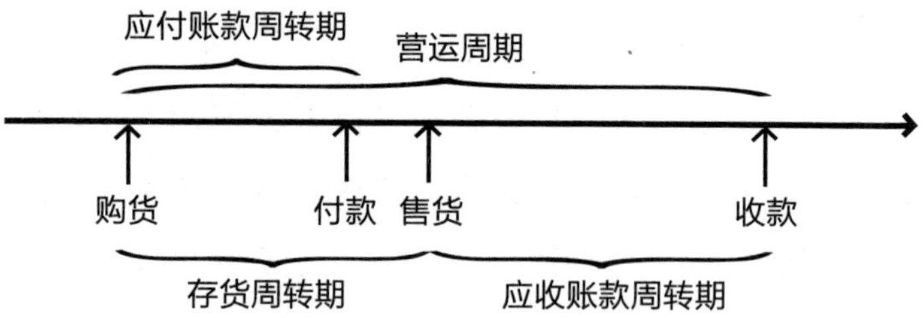

图 5–1　企业资金创造机制

1. 现金效率公式的使用

我们用一个案例来讲解现金效率公式如何使用。

【案例】

一家企业要购买原材料，购买之后没有及时把钱付给对方，而是30天后才付款；原材料买过来之后，经过生产、加工、仓储等环节，到最终销售花了60天的时间；把货物发给客户以后过了30天才收到货款。那么，这家企业的运营资金周转天数（现金缺口）就是60天。如图5-2所示。

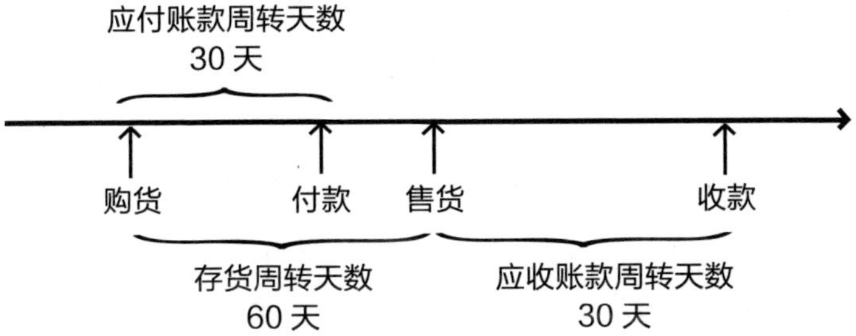

图5-2 企业运营资金周转天数示意图

计算方法如下：

应付账款的天数是30，应收账款的天数也是30，存货的天数是60，根据公式：

运营资金周转天数（现金缺口）=存货周转天数+应收账款周转天数-应付账款周转天数=60+30-30=60（天）

一年有360天，按照这个周转速度，这家企业的现金一年可以周转6次。根据公式：

运营资金周转次数或周转率=360天/运营资金周转天数

运营资金周转次数或周转率=360/60=6（次）

假设这家企业一年的销售额是1.2亿元，在资金一年周转6次的情况下，企业需要的可流动的资金是2000万元。根据公式：

运营资金需求量=年度销售额/运营资金周转次数

运营资金需求量=1.2亿元/6=2000（万元）

如果企业打算明年做到2.4亿元，则需要4000万元的流动资金。根据公式：

运营资金需求量=2.4亿元/6=4000（万元）

所以，当这家企业的收入目标是2.4亿元时，企业只有2000万元的运营资金，那么老板就要考虑如何弥补2000万元（4000万元需求－2000万元已有）的资金缺口。

换句话说，这家企业运营资金的需求与销售收入成正比，收入规模越大，需要的周转资金就越多。

如果这家企业的目标是2.4亿元，但是无法筹集到4000万元的资金，依然只有2000万元的资金。那么，有三个可以采用的解决办法：

A.另行融资，如股权融资（上市）或债权融资（借款）。

B.降低销售增长速度，“有多少米煮多少饭”。根据现有的2000万元资金，将销售收入的规模仍控制在1.2亿元左右。

C.提高资金的周转效率、周转速度（次数），2.4亿元除以2000万元等于12次，则这家企业明年的资金要周转12次，平均30天周转一次。根据公式：

运营资金需求量=2.4亿元/X次=2000万元，则运营资金周转次数X=12次。

运营资金周转次数 12 次 =360 天 / 运营资金周转天数 Y 天，则运营资金周转天数 Y 天 =30 天。

2.提高企业资金效率的三个方法

提高企业资金的效率（缩短运营资金周转天数）有三种方法：

第一，尽一切可能降低存货余额，缩短存货周转天数；

第二，尽一切可能延长应付账款周转天数，但不要伤害企业的信用，诚信是企业经营的基础，没有诚信的企业终将会被市场淘汰；

第三，尽一切可能减少应收账款的周转天数。

只有减少存货周转天数、减少应收账款周转天数、延长应付账款周转天数，才可以提高企业的资金周转率。

【案例一】

国内有一家生产奶粉的企业，我曾经给这家企业的 200 多名经销商做过财务方面的培训。在培训过程中发现这样一个现象：这些经销商最开始蹬着三轮车起家，慢慢发展壮大，现在一年的销售额约为 2 亿 ~3 亿元，都成了亿万富翁。虽然经销商们赚到了钱却觉得自己不够幸福，想要转行。

我很好奇，做奶粉做得挺好的，为什么要转行呢？经销商们说，他们把奶粉从厂家提出来卖掉，中间需要30天左右的时间，而且要提前打款；然后把奶粉送到商场、超市等地方，等商场、超市把钱结算回来，谈合同的时候规定30天或60天付款，但实际上都要花90天才能拿到货款。

这样算起来，商场、超市给经销商的钱推迟90天，经销商给厂家的钱提前20天，再加上中间存货周转的30天，来来回回相当于用140天的时间周转。一个经销商平均每天卖50万元的奶粉，那么他的账上需要7000万元的资金才能把整个流程运转起来。

如今，市场经济迅猛发展，很多产业的业绩也飞速提升。假设一个企业每天的营业额是50万元，如果要把营业额提升到100万元，按照上述案例的周转速度，这家企业需要有1.4亿元的资金，可是一个普通的企业很难实现资金的大幅度增长，也就是说，很多企业资金的增长速度跟不上销售的增长速度。

【案例二】

在一次培训结束后一位经销商对我说，有一天他看见某个地方新开了一家超市，他很不开心，因为有新超市开张，他就要去超市铺货。表面上看经销商销售量增加了，好像赚了钱，可实际上，他们的钱全都变成了货、变成了账款、变成了欠条，唯独见不到钱。

我说，要想见到钱其实有一个方法，就是今年营业额是50万元，明年还是50万元，不再增加营业额，就能见到钱了。

经销商的业绩不增长，对企业来说是件不利的事情。现实中，厂家把资金压力转给了经销商，经销商账面上的资金不够，不能去厂家进货，反而制约了厂家的收入增长，这样的行业不是一个好的行业。

同理，有人认为汽车4S店是汽车行业、贸易行业，在我看来，4S店是金融行业，因为4S店玩的也是钱。我从2011年开始，连续4年担任一汽丰田全国4S店的财务顾问，在给这400多家4S店做咨询的过程中，我发现丰田的财务管理体系非常详细，各项管控指标也很完备。经销商按照厂家的这套管理规范运营，公司的管理就不会差得太远。但是对于厂家来说，4S店就是给厂家承担资金压力的。

【案例三】

像国美、苏宁这样的企业，他们采用“供应商管理库存”的方法，也叫“零库存”，就是所有的存货都不是企业自己的，而是供应商的。只有当企业把货物卖出去了，才算企业的。即使是摆在其货架上的商品，也不是他们自己的，而是供应商的。国美、苏宁不但不付钱，还会收供应商的货架费、进店费等。

顾客去国美、苏宁这类店铺买东西的时候，从来没有赊账行为，所以对于企业来说，应收账款的天数为0。但企业给厂家的结算往往在销售之后的90天。这样算下来，国美或苏宁卖一台5000元的彩电，这5000元就在自己的口袋里装90天，如果一年要做1200亿元的营业额，按照90天的周转天数计算，需要周转4次，再用1200亿元除以4，等于300亿元，但这300亿元不是负的，而是正的。这意味着国美、苏宁在运转的过程中不但不需要运转资金，反而口袋里多了300多亿元。

对于这种企业来说，开的店越多，占用别人的资金就越多，占用的资金越多，就可以用这部分钱去开更多的店，从而进入一个良性循环，这就叫真正的"玩资金"。对于这样的企业来说，产品是否赚钱并不重要，企业在意的是运转过程中产生的大量现金。所以，现金大于利润。同理，滴滴打车也是这种运作模式。最典型的例子是支付宝，支付宝要的就是资金的流水。

企业在运转的过程中，应该把资金越做越充足，可是有些企业正好相反，资金链越做越紧张。有些民营企业的老板在听过我的《财务体系》课程以后，改变了思维，再配合我提供的落地的工具、表格和制度，开始逐步地提升现金流，靠现金赚钱。

工具 资金预测表

浙江省永康市有一位女企业家，在上完《老板利润管控》课程后晚上一起聊天时，指着旁边另一位老板娘说："这位是我表姐。我上个月就碰到急需要还银行贷款的事情，幸好表姐给我进行了资金拆借，否则就非常头痛了。这次来上课，就是表姐拽着我来的。"

她的企业规模不算大，年营业额 1 亿~2 亿元，财务经理的工资也不低，大约月薪 1 万元。但是仍然会发生类似这样的低级错误，让人觉得不可思议。如果只是极少数情况也无所谓，但是当企业遇到这类问题越来越多时，就不得不引起重视。

2019 年，天津一位做汽车配件的老板，资金链非常紧张，马上就要断裂了，但是财务人员没有有效的方法和工具。这位老板在来上我的课程咨询问题时，我给他随手画了一个工具表格——《资金动态需求预测表》，见表 5-1。

这位老板拿到这张表格后，研究琢磨了半天，说了一句话，"我这次来上课，仅得到这样一张'表'就已经非常值了！"

表 5–1　资金动态需求预测表

项目	期初余额	1 月第 1 周	1 月第 2 周	1 月第 3 周	1 月第 4 周	1 月	2 月	3 月	4 月	5 月	6 月	7 月	8 月	9 月	10 月	11 月	12 月
现金流入—产品		100			50	150	250	274	150	80	150	100	133	300	120	56	500
现金流入—售后服务				80		80	100	121	54	29	54	36	48	108	43	20	180
现金流入小计		100	—	80	50	230	350	395	204	109	204	136	181	408	163	76	680
现金流出—原材料					–250	–250	–10	–15		–200				–100		–80	
现金流出—人员工资				–150		–150	–150	–150	–150	–150	–150	–150	–150	–150	–150	–150	–150
现金流出—水电气					–10	–10	–20	–188									
现金流出—其他费用		–5				–5	–150	–20									
现金流出小计		–5	—	–150	–260	–415	–330	–373	–150	–350	–150	–150	–150	–250	–150	–230	–150
经营净现金流总计		95	—	–70	–210	–185	20	22	54	–241	54	–14	31	158	13	–154	530
固定资产投资				–100		–100											
股权融资																	
银行贷款					100	100				150				–100			–100
投融资现金流总计		—	—	–100	100	—	—	—	—	150	—	—	—	–100	—	—	–100
企业账面资金预计余额	200	295	295	125	15	15	35	57	111	20	74	60	91	149	162	8	438

|第六章|

C A I W U D E L I L I A N G

财务运营思维

财务运营体系设计

6

在企业管理过程中，财务与业务是完全融为一体的：财务为业务提供服务，通过业务数据的收集反过来对业务进行分析，支撑业务的发展。有人曾经开玩笑说：一个不懂得借钱的财务不是好财务；一个不懂得借钱的企业不是好企业；一个不懂得借钱的老板不是好老板；一个不懂得借钱的人不是“好人”。

企业会借钱，资产周转率高，说明企业的综合管理做得好，而综合管理一定是财务驱动的。所以，具有财务运营思维，企业的投资回报率会变得更高。

老板最关心的第一个指标是什么

很多老板觉得财务就是财务，业务就是业务，财务跟业务没有任何关系。实际上，在企业管理的过程中，财务与业务是完全融为一体的。财务为业务提供服务，通过业务数据的收集反过来对业务进行分析，支撑业务的发展。

很多老板认为在企业的价值链中，原材料采购、产品生产、库存及最终的销售是价值链的核心。但是，为了保证这条价值链的正常运作，还需要一系列的辅助工作，也叫作“支撑系统”。在支撑系统中，排名第一的就是财务，除此之外还有人力资源、信息服务、技术研发等，以上内容共同构成了企业的价值链，如图 6-1 所示，一个企业的价值链既有直线系统，又有支撑系统。

许多老板“重业务、轻管理”，觉得创造价值的只能是供、产、销等业务环节。其实，通过“企业价值链图”可以发现，真正创造价值的不只是价值链上的某一段，而

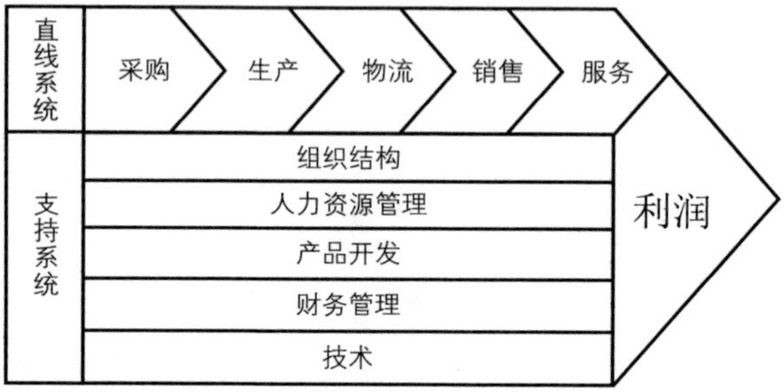

图 6-1　企业价值链

是价值链整体。

其中，财务是通过对业务提供支撑服务来创造价值的，所以不能把财务工作与业务工作完全割裂开。

衡量一家企业好坏的最重要的指标是什么？有人说是销售收入，有人说是现金，有人说是利润，有人说是利润率。其实，当企业发展到一定规模的时候，投资回报率才是评价企业最重要的指标，投资回报率也叫股东投资回报率（权益利润率、股权权益报酬率等），英文简称ROE。

试想一下，老板把钱投进企业，找来职业经理人帮助管理，然后自己不再插手企业的工作事务。经过职业经理人的运作，老板的投资与企业最终的收益会有一个比例。比如，一个老板投资1000万元赚了1000万元和一个老板投资1亿元赚了1000万元相比，虽然利润都是一样的，但投资额有10倍的差异。

显然，第一种情况企业运作得更好。因为第一种情况的企业运转效率高，投资回报率是100%。第二种情况的企业投资回报率只有10%。因此，企业的老板、股东关心的是投进去的钱与产生回报的比例。

我在苏州讲课时，曾经有一位民营企业老板这样说："对于创业型企业来说，前几年亏损是很正常的情况。开始盈利的时候，投资回报率达到25%就算正常，大于50%就算成功，低于25%就算失败，或者说企业的管理出现了问题。"

25%~50%的投资回报率，对于上市公司或国有企业来说，可能难以达到，但是对于民营企业来说，这种要求在某种程度上是非常有道理的。

如何用投资回报率来分析企业的投资胜败

对于创业型民营企业来说，投资回报率大于50%就算是成功的企业，相当于投资100万元，用两年的时间收回本钱。比如投资一家餐馆1000万元，投资回报率等于50%时，用2年的时间收回本钱，这是非常成功的情况；投资回报率等于25%时，用4年时间收回本钱，也算是正常的；如果投资回报率低于 25%，则要用 4 年以上的时间才能收回本钱，可能对于部分老板来说，这种情况就不是很理想了。

实际上，还有比这种情况更糟的。现在有些民营企业，投资回报率是 3% 或 5%，有些甚至是 1%，投资回报率如此之低，还不如把钱拿出来放到银行做个理财项目，收益率可能都比这个高。

我在山西太原遇到一个做“矿厂用电器设备”的老板，这位老板上完我的课以后计算了一下自己企业的投资回报率，只有 5% 左右。于是这个老板觉得，还不如把公司关掉，用这笔钱来做个投资，比如给当地的一个农村信用社投资 1000 万元，每年吃股息分红。

尊重投资回报，是企业最基本的商业伦理。不管是职业经理人，还是老板、股东自己，投资一定要有回报，没有回报本身就是犯罪。可是对于很多民营企业的老板来说，他们已经把“企业的运作”和个人的“职业”完全融为一体，不当老板不知道还能做什么。

企业老板应该具备资本家的思维。企业家可以分为两类：一类叫做资本家，另一类就是普通企业家。这两者最本质的区别是：普通企业家把企业当儿子养，而资本家把企业当猪养；普通企业家用一生赚钱，而资本家用一夜赚钱；普通企业家做企业是爬楼梯，而资本家做企业是乘电梯。从目前的国情来讲，人们更加尊重做实业的企业家，因为资本家是在“玩游戏”，玩的是资本的游戏（零和游戏），企业家却是国家的脊梁，在不断地创造价值。

我们尊重企业家，但是企业家也应该具备一些资本家的思维意识：投资就要有回报，而不是不计回报地做企业。

决定企业是否赚钱的 3 个杠杆

如何提高投资回报率是一个非常重要的话题，我曾经在一次课上给很多企业老板做了非常详细的分享，导致他们纷纷感叹：终于把财务与业务打通了，可以用一个指标把企业人、财、物、产、供、销、运营全部统一起来了。在这里，我也将对这个问题进行一个简单的讲解。

投资回报率（英文简称“ROE”）有“3 个杠杆”，也被称作决定企业是否赚钱的 3 个杠杆。

1. 3 个杠杆的衍生

投资回报率=净利润/权益，最初的投资额加上后续未分配的利润叫作权益，对投资回报率的公式进行变形，最终会衍变出三个公式：净利润/收入=销售净利润率；

收入 / 总资产 = 总资产周转率；总资产 / 净资产 = 财务杠杆，财务杠杆也叫权益乘数。

下面是推理过程，这段内容是财务中相对难懂的内容。

投资回报率 = 净利润 / 权益

投资回报率 =（净利润 / 收入）×（收入 / 资产）×（资产 / 权益）

投资回报率 = 销售利润率 × 资产周转率 × 权益乘数

这三个指标共同构成提升企业股东回报的三大指标，也叫三大杠杆。第一个“销售净利润率”，我们称之为“市场杠杆”；第二个“资产周转率”，我们称之为“管理杠杆”；第三个“权益乘数”，我们称之为“资本杠杆”。

2. 决定企业是否赚钱的 3 个杠杆

对以上 3 个公式进行如下假设：

第一种情况：

假设企业销售利润率是 10%，但是资产运营效率比较低，一年只能周转一次，而且没有使用财务杠杆，也就是没有去借钱融资，完全靠企业自己的钱在做生意，在这种情况下，企业的投资回报率就是 10%。

ROE= 销售利润率 × 资产周转率 × 权益乘数 =10%×1×1=10%

第二种情况：

假设企业销售利润率还是10%，但是资产运营效率比较高，一年能够周转10次，并且又借了1000万元（企业原投资10000万元），那么此时企业的财务杠杆就是2，即2000/1000，而企业的投资回报率是200%。

ROE=销售利润率×资产周转率×权益乘数=10%×10×2=200%

可见，投资回报率从10%增长到200%，取决于企业的资产周转率、财务杠杆及销售利润率。

企业投资回报率的提升由3个杠杆——市场杠杆、管理杠杆、财务杠杆决定，这3个杠杆就好比三驾马车，共同拉动企业发展前进。

其中，市场杠杆（销售利润率）代表市场情况，管理杠杆（资产周转率）代表管理情况，财务杠杆（权益乘数）代表财务资金情况。市场、管理、财务配合好了，企业向前走得就会比较顺利。

财务杠杆，说得形象一点就是企业“空手套白狼”的能力。企业老板应该自己先投入100万元，再去借100万元，用自己的100万元撬动200万元的资金开始创业做生意。老板能撬动多少资金取决于他空手套白狼的能力，但是老板要妥善运用这种能力。

比如，一个老板自己投资1万元，借了9999万元，最终凑够1亿元去做生意，这种做法会给企业带来巨大的财务风险。因为稍微亏损一点点，老板的本金就没有了，很容易资不抵债，导致企业破产。在某些国家，一旦企业出现资不抵债的情况就被直接认定为破产；在中国，只要企业的现金流没出现问题，就不会立即被认定破产。

对于企业来说，要提高投资回报率，就要充分利用财务杠杆，要学会借钱，但是要能够控制借钱的金额，不能盲目地借钱，也不能一点不借。

我上大学的时候老师就教给我们：一个不懂得借钱的财务不是好财务；一个不懂得借钱的企业不是好企业；一个不懂得借钱的老板不是好老板；一个不懂得借钱的人不是“好人”。这四句话揭示了一个道理：企业要懂得适当地负债。

企业负债不能过多，正常情况下，自己投资一半再借一半是比较正常的，也就是说负债率是50%，财务杠杆是2。当企业的负债率达到70%的时候，风险就比较大了。

3.周转速度就是“赚钱的速度”

“销售利润率”由市场或行业影响控制，财务杠杆又受风险大小控制，那么，企业要想赚钱关键就靠“资产周转率”了。

什么是周转率？什么是周转速度？周转速度就是企业赚钱的速度。周转一次赚一次钱，周转100次赚100次钱。未来企业与企业的竞争，一定是周转速度的竞争。

如何提高周转速度呢？如，不断做大收入、适当降低总资产。降低总资产的时候，在不考虑固定资产和土地价值变化的情况下，要尽可能地降低应收账款和存货。

提升资产周转率主要靠管理系统，而管理系统则是以财务为中心的管理系统。目前，我们在全国各地做的上千个财务咨询项目，以及开展的集中式微咨询服务项目，就是不断地帮助企业完善其财务管理系统。

【案例】

2008 年，我给石家庄的一家上市公司做咨询，这家企业从事的是投资并购的项目。聚餐时，有位高管问我："新闻上说最近山寨手机非常畅销，一部山寨手机才卖 300 元，并且一部手机才赚 3 元，相当于利润率只有 1%，这样的话，那些企业如何赚钱呢？"

我解释说，虽然一部手机只赚 3 元，但是这样一部山寨手机从采购材料组件开始生产到销售出去，只要 3 天时间，山寨机厂家一年 360 天，可以生产 100 多批货物，一年周转 100 多次，假设没有财务杠杆，用 1% 的利润率乘以 100 次总资产周转次数，相当于投资回报率是 100%。假设一个人投资 100 万元做山寨手机，一年就能赚回 100 万元。

当企业利润比较低的时候，主要是靠提升周转率赚钱，而周转率的提升又是企业综合管理实力提升的体现。资产周转率高说明企业的综合管理做得不错，而综合管理一定是财务来驱动的。

所以，管理者具有财务运营思维，企业的投资回报率才会做得更高。财务运营思维必须要财务与业务两者相结合，老板要懂财务，财务人员要懂财务，企业的中高管、部门经理也要懂财务。比如生产总监、采购总监、销售总监等，要善于利用财务工具和思维来帮助企业提升利润，提升投资回报率，形成企业的财务文化，整体解决企业的管理成熟度问题。

也正是因为这个原因，为了帮助广大的企业高管们掌握各种财务工具，具备财务思维，我才会研发《大财商——中高管的财务训练》课程，来训练各部门人员的财商，如营销财商、采购财商、研发财商、人力资源财商、生产财商、运营财商、总经理财商等。

案例故事：我卖服装

我曾经跟一个朋友开玩笑，说自己不做财务咨询了，改行做实业。我回想起自己的职业生涯：从20世纪90年代开始在一家外资企业做财务，后来从一个普通的财务工作者做到财务总监，然后又开始做财税咨询行业。近20年来，我做的都是财务方面的工作，服务的客户包括华为、移动、一汽丰田等数十家大企业。

我觉得自己没有什么特别的本钱，就只精于“财务”一件事。但是财务做得久了，有时候又会想去干实业，尝试自己创业当老板，于是就编了下面这个自己创业当老板卖服装的故事，通过这个故事来思考企业财务运营的问题。

【案例】

有一天，我不讲财务课程了，响应国家“大众创业，万众创新”的号召，打算创业。可是我不知道做什么好，想来想去，觉得“衣食住行”是人们生活的刚性需求，而“衣”又排在了第一位，于是决定成立一个实业公司，专门做服装。可是我投资又不能太多，因为开始没有那么多本钱，只有1万元的初始创业资金。

假设第一个月，计划投资1万元。认真想想，1万元既不够买厂房又不够租店面，最多就是摆个地摊（在不考虑城管的情况下），我去服装批发城批发了1万元的衣服在路边摆地摊，卖了一个月，销售收入1.5万元。也就是说，这一个月有5000元的利润，投资回报率是50%。

计算公式：5000元（利润）/10000元（投资额）=50%（投资回报率）。

第一个月卖服装，能做成这样已经非常不错了。这说明创业型企业的投资回报率一定都比较高。

到第二个月的时候，有人建议用赚来的5000元扩大再生产，但是我财务工作做久了，比较保守谨慎，我决定把赚来的5000元交给家里，再用1万元去做第二个月的生意。

天有不测风云，当我在服装批发城选好了1万元衣服，并准备付钱的时候，不幸的事发生了——钱丢了（怪不得坐公交时有人老挤我呢）。

没办法，我只能回家再去筹钱，创业者嘛，要有屡战屡败、屡败屡战的执着和坚韧。回到家里，我和家人商量，家人决定只给我出资2500元继续创业，并再三叮嘱说："如果创业不成功，就继续去讲财务课程。"

没办法，我只能以2500元为本金开始做生意。这次，我进了2500元的货物，一周就卖完了。在第二个月的期间中，我一共进了4次货物，最终销售收入也是1.5万元。那么，我每次进货花2500元，进了4次货物，成本还是1万元，最终销售收入是 1.5 万元，这个月的利润还是 5000 元，投资回报率却是 200%。

计算公式：5000 元（利润）/2500 元（投资额）=200%（投资回报率）。

这两个月相比，我在第二个月更加勤奋，之前一个月进货一次，这次一个月进货四次，周转的速度快，管理更加精细，所以投资回报率更高。

等到第三个月，基于上个月带来的信心，我发现自己用 2500 元就能做好生意，于是只带着 2500 元兴高采烈地出门进货。

结果，路上遇见熟人想借钱，善良的我磨不开面子，于是我就借给了他 1250 元。我揣着 1250 元到了服装市场，发现自己一周要跑两趟进货，才能达到跟上个月一样的销售收入，于是就跟批发服装的老板商量赊账的事情：我花 1250 元带走价值 2500 元的衣服，即付现一半（1250 元），赊账一半（1250 元）。

这样，一个月内我跑了四趟批发市场，进货总共还是花了 1 万元，实现销售收入 1.5 万元，虽然这个月依然是 5000 元的利润，但是投资回报率达到了 400%，因为我的投资额更小了，这次只有 1250 元。

计算公式：5000 元（利润）/1250 元（投资额）=400%（投资回报率）。

我做生意的这三个月，虽然卖的是同样的产品，赚的是同样的利润，但投资回报率节节高升，第一个月周转次数为 1 次，财务杠杆也是 1;第二个月提高投资回报率靠的是周转次数;第三个月提高投资回报率靠的是财务杠杆。

从我想象的这个故事中，大家是不是看出点什么来了呢？对于创业者或其他民营老板来说，并不是投资越大，回报就越大。提高周转速度，运用财务杠杆，才能提高投资回报率。

工具 财务运营模型

每个经理都应该掌握的分析方法是杜邦分析法。杜邦分析法是一种从财务角度评价企业绩效的经典方法，用来评价公司的盈利能力和股东权益的回报水平。此方法最早由美国杜邦公司使用，故而得名。

公司运作效率、产品组合和资金运营质量决定公司效益，这是企业财务的核心，企业财务管理的主要工作都可以在图 6–2 中得到体现，而杜邦运营的具体财务模型则见图 6–3。

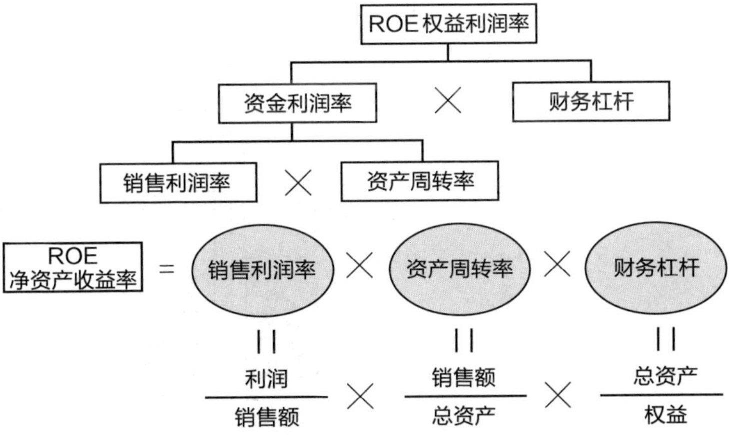

图 6–2 财务运营模型

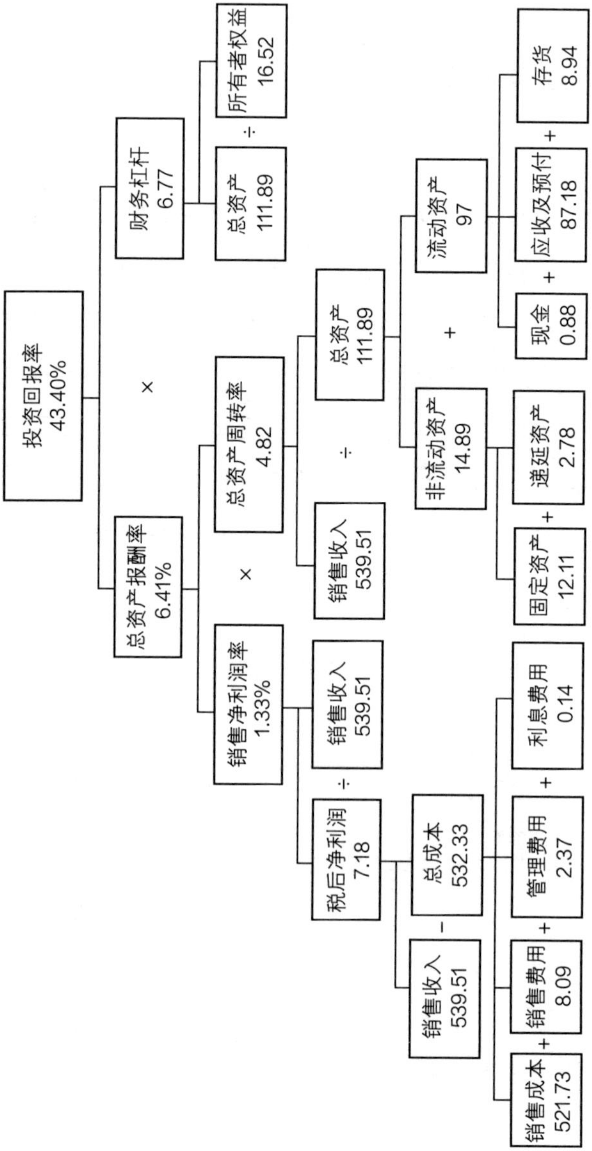

图 6–3 杜邦财务运营模型

|第七章|

C A I W U D E L I L I A N G

数据管理思维

管理“驾驶舱”的设计

7

如果把企业比作一个交通工具，那么报表体系就是企业的“驾驶舱”，每一张报表都是“驾驶舱”里的仪表盘。“驾驶舱”可以有不同的层次，老板有老板的“驾驶舱”，高管有高管的“驾驶舱”，销售总监、采购总监、人力资源总监都有各自的“驾驶舱”。

有些老板建立了自己的“驾驶舱”，每次看报表的时候都要先看“驾驶舱”，如果有时间，看看其他报表，如果没有时间，把“驾驶舱”看完，基本也就足够了。

报表是管理者的成绩单

许多企业老板都看不懂财务报表。据不完全统计，95%以上的中小民营企业的老板和高管连“三大报表”都看不太明白。这对于我来说是一个巨大的商机，但是对于中国众多民营企业来说，无异于是一群老板在“摸黑经营”“无照驾驶”！完全靠感觉经营和操控企业。

报表是什么？从某种角度上说，报表是行军地图、指南针、导航仪、显微镜、向导、参谋……更是管理者的成绩单！

报表也是老板间接管理企业的必备工具。当老板想要“离场管理”（间接管理）的时候，必须通过财务报表来了解企业的经营情况，我们需要通过报表来知晓职业经理人的工作成绩、经营成果……

要基于数字做经营决策，报表也是企业管理者的“驾驶舱”。总经理及职业经理人就像是司机、驾驶员，需要通过报表来反映经营中的各项数据，从而指导企业的经营方向、纠正操作上的不当等。

没有报表或不看报表的企业，完全是在抓瞎。只能通过感觉来操控企业，至于感觉是否正确，就要看老板的个人水平了。

所以，如果说当老板或总经理需要考一个“上岗证”的话，毫无疑问一定要考“财务报表怎么看、怎么用”的问题了。

报表看不懂怎么办

老板看不懂报表，是财务人员的问题，还是老板的问题？

如果是老板的问题，老板错在什么地方？有人说错在老板没有主动学习财务课程，没有学会怎么运用报表，并透过报表发现企业背后存在的问题。

如果是财务人员的问题，那么财务人员错在一方面没有根据老板的喜好与财务水平程度，提供给老板能看得懂的报表，另一方面也没有催促老板参加相应的财务课程。

很多老板向我反映自己看不懂财务报表，甚至不知道报表上的数字是否正确，想跟我请教一下，是否能通过只看少数几个数字就能马上了解企业的运营情况。的确，很多企业老板看不懂报表，但如果把报表换一种形式，可能情况会好很多。

【案例】

某省有一家企业，现在已经是上市公司了，但是在20世纪90年代末的时候，这家企业的规模还不是很大，大概只有1亿元左右的营业额。这家企业的财务人员把资产负债表、利润表递给老板看，可是这位老板连小学都没有毕业，根本看不懂，就非常气愤地把报表扔在地上，怒斥财务人员：你不知道我小学都没毕业吗？这报表我哪能看得懂！

财务经理也非常委屈，自己按照会计准则和财务制度做账、提供报表，没有错啊！老板看不懂，自己又能有什么办法呢。

后来，这个财务经理遇到我，就向我请教遇到这种情况该怎么办。我说：这个非常简单，你的老板能看懂什么、需要什么，你就给他提供什么。于是，财务经理回去跟老板沟通，与老板一起制定了一张特殊的报表，这个报表上只有几行内容，分别是：“我赚了多少钱、我花了多少钱、我欠别人多少钱、别人欠我多少钱、我账户里面还有多少钱。”从此以后，财务经理每个月只向老板汇报这几个数字，老板非常高兴。

财务管理没有绝对的定论，也没有绝对的工具，能够符合企业需要就是最好的，什么是符合企业需要的呢？这就需要站在老板的角度去思考老板究竟需要什么。财务人员要思考报表对企业有哪些作用，能够给企业造成什么样的影响。

企业老板有时候需要“离场管理”，所谓“离场管理”就是聘请职业经理人来帮忙打理企业，不用自己每天去企业。当老板想要离场管理的时候，就需要通过报表来了解企业的经营情况。如果把企业比作一个交通工具，那么报表体系就是企业的“驾驶舱”，每一张报表都是驾驶舱里的仪表盘。

前面我们也讲过，报表分为对内报表和对外报表。对内报表主要是给老板、股东、高管看的。对外报表主要是给税务、银行、工商看的。对外报表需要有统一固定的格式，但是对内报表没有统一、固定的格式，完全可以依照老板和管理者的需求而定，如：老板喜欢合计数放在报表最上面，财务人员就把合计数放在最上面；老板喜欢用一张纸搞定，那么财务人员就把数据在一张纸上呈现出来。

“一切为我所用！”有用的才是最好的，并不需要显得多么专业，更不是用专业名词的堆砌以彰显财务人员的水平。报表做得再专业，老板看不懂，只能是废纸一张。

构建企业的管理“驾驶舱”

当企业规模还小的时候，就像一辆自行车，不需要看仪表盘，凭感觉就可以正常行驶。比如那些一年营业额才十几万元的企业，报表就没那么重要，一共也没有几个数，老板都能记得住。

随着企业规模增大，当企业的营业额达到一两千万元甚至是三四千万元的时候，企业就变成了汽车，需要看仪表盘了。如果仪表盘出现故障或者老板看不懂仪表盘，就会影响驾驶，给企业带来麻烦。

当企业营业额突破五千万元的时候，就像开飞机，一个飞行员如果看不懂仪表盘，那结果可想而知。

所以，这一系列的报表就是企业的“驾驶舱”，而老板作为企业的“司机”，一定要掌握这些仪表盘的使用方法，通过仪表盘的数据了解企业这辆交通工具存在的管理问题。

【案例】

我在四川的时候遇到一位做钢材贸易的老板，这位老板是个中年女性。她经营企业很多年，花了大量的时间和精力，终于把企业做到了一定的规模。

这时她觉得非常累，打算去美国休假一年。于是，她聘请了一位比较能干的总经理帮她打理公司。这位总经理是她高中的男同学，也是一个多年关系非常好的朋友。她把企业交给总经理的时候，给总经理定了绩效和目标，并且承诺如果总经理创造了一定的利润就给相应的分红。

这位女老板在美国的一年时间里，财务人员也反馈了一些报表，比如重要的资产负债表、损益表、现金流量表等。可是这个老板看不懂，就让报表老老实实地躺在邮箱里，有时候给总经理打电话问公司的情况，总经理都是报喜不报忧，说公司非常好，一切顺利。

一年以后，当女老板回国时发现，自己的钢材贸易公司已经到了崩溃的边缘，出现了资金链断裂等一系列问题，即将倒闭。她非常信任这个总经理，没想到最终却是这样的结局。

之后不久她就遇到了我，并且听了我的财务课程。在听课的过程中，她请教我如何才能快速地看懂报表。于是，我给这个美女老板设计了一个适合这家钢材贸易公司的“老板驾驶舱”，只有7个指标，却把企业的核心及关键问题都覆盖到了。

以后，只要让财务人员每月汇报这几个指标，就足够她了解企业的经营情况了。

这7个指标分别是：①销售收入；②毛利率；③销售净利率；④应收账款余额或平均账期；⑤存货周转期；⑥经营活动净现金流；⑦人均单产。

其中，毛利率可以换成“边际利润率”。销售净利率这个指标也可以用“费用负担率”来代替，就是企业费用占销售收入的比例。存货周转期也可以用更加容易执行操作的指标代替，比如“3个月以内的存货占全部存货的比例”或“60天以上存货占全部存货的比例”。

我把这7个指标给这个老板看了以后，老板茅塞顿开，表示：“看来其他的报表都不用看，就看这几个指标就好了……”

这位老板还说，如果能早一年看到这些指标，重视起这几个指标，可能自己的企业就不会陷入今天的境地。

女老板总是想当然地觉得，她请的这个职业经理人是个“大男人”，自己身为一个“小女子”都能把企业打理得井井有条，他一个男人肯定不会比自己差。更何况，企业的经营业绩与他个人的收入是挂钩的。

这位男性总经理是如何把一家好好的企业带入深渊的呢？

原来，这位男性总经理一上任就盲目乐观地预估市场，并大量囤货（可能是担心销售太好时没货卖）。这样一来，“存货周转”这项指标就出现了问题。

这位男性总经理实际上并没有全身心地投入到企业上，并且无论是经验还是个人魅力都不如女老板。所以他一上任，“销量收入”不但没有增加，反而不如从前。面对积压在仓库的大量“存货”，这位总经理想出了一个办法：既然卖不动货，那就放宽信用条件——赊销。客户以前需要7天内付款或当天付款，现在变成允许客户拖欠一段时间再付款，为了卖掉存货而放宽信用条件，这一做法导致“净现金流”指标出现问题，而且影响了“应收账款余额”这一项指标。

再后来，面对大量欠款，这位男性总经理又想出一个办法：降价、给回扣。请客吃饭、送礼又产生大量的“公关费用”，导致“销售利润率”（或“费用负担率”）出现了问题。

最终，这位男性总经理没有办法，只好降价销售，影响了“毛利率”（或“边际利润率”）。

等这位女老板回国收拾残局的时候，不得不整天融资、借钱、催债，企业就这样处于资金链断裂的边缘。

某工厂的总经理“驾驶舱”案例

“驾驶舱”可以有不同的层次，老板有老板的“驾驶舱”，高管有高管的“驾驶舱”，销售总监、采购总监、人力资源总监都有各自的“驾驶舱”，每个层面都有自己的“驾驶舱”，并且每个“驾驶舱”的指标一般不相同。

一般情况下，建议每个“驾驶舱”设置7~13个指标，最多不超过15个。把这些指标画在一张表格里，老板或其他高管每次只要看这张简单的表格，就能清楚整个企业或自己部门的经营状况，这比什么指标都不关注要好得多。

有些老板建立了自己的“驾驶舱”，每次看报表的时候都先看“驾驶舱”，如果时间充裕就看看其他报表，如果没有时间，把自己的“驾驶舱”看完，基本也就足够了。

【案例】

中国有一家世界500强的工厂，他们的驾驶舱叫作“经营跟踪指标体系”，也叫“经营跟踪表”或“企业管理数据表”，我们可以称之为“总经理驾驶舱”。

虽然叫法不同，但本质都是“驾驶舱”。这家企业有13个指标，分别是：销售量和销售订单、销售收入、毛利率、新产品发布进度、收入确认至收款的周期、库龄90天以上的存货比率、每一元收入所负担的费用、营业利润率、净现金流、人均收入额、员工总人数、纳税总额、员工满意度。

其中，库龄90天以上的存货比率，是指仓库中超过90天以上的存货占全部存货的比率。

每一元收入所负担的费用是指企业每赚一元钱，要承担的各种费用是多少。

人均收入额也叫人均单产，体现的是企业人数和企业收入之间的关系，比如企业一年营业收入为1亿元，有员工1000人，那么平均每个人的产值是10万元。

员工总人数也是一个非常重要的指标，有些老板在企业发展壮大以后，都不知道自己有多少员工。

纳税总额，是指每个月给国家缴税的总金额，包括增值税、企业所得税等。员工满意度、员工总人数都不是财务指标，属于非财务指标，但同样会对其他指标产生影响，需要老板关注。这可以通过其他渠道（如人力资源部门）来获得。

表7-1中的13个指标构成了这家企业的总经理“管理驾驶舱”。

读者朋友可以参考下表，选出自己企业各岗位最关心的7~13个数字或指标，并列出重要顺序，以设计出自己企业的各个“管理驾驶舱”体系，并安排财务人员每个月报送给相应人员。

表 7–1 总经理的“驾驶舱”

单位名称： 日期：

项目	上年同期	1 月	2 月	3 月	4 月	5 月	6 月	7 月	8 月	9 月	10 月	11 月	12 月
销售订单、销售量													
销售收入													
毛利率													
新产品发布进度													
DSO（收入确认至收款的周期）													
库龄 90 天以上的存款比率													
每一元收入所负担的费用 销售及市场费用 研发费用 管理费用													
营业利润率													
人均收入额													
员工总数													
纳税总额													
员工满意度													

编制： 审核： 财务负责人：

老板最关心的 13 个关键指标

最近几年，我给很多民营企业做财务咨询，总结了一些民营企业老板比较关心的常见通用指标，包括：

投资回报率。也叫股东投资回报率或净资产收益率。在前面我们讲过，民营企业投资回报率最好在 25% 以上，如果太低，则说明经营效率太低或管理混乱，或者行业高度竞争进入微利时代。在我的课程中，这个指标会讲解得非常详细，并且听完课程的学员学会后，已经在企业中具体运用了。

总资产周转率。总资产周转率等于销售收入除以总资产。一般情况下，此指标作用是考核总经理及管理层的经营管理能力和水平。管理系统越完善，此指标越高。如果企业的总资产周转率低于 1，说明管理系统提升空间非常大，或者企业是重资产行业。

税负率。税负率等于企业交给税务局的总纳税金额除以销售收入，体现 100 元的销售收入中有多少是用来缴税的。税负率指标又可以拆分成很多指标，比如增值税的税负率、所得税的税负率等。税负率过低可能会引起税务局的注意，而税负率过高说明企业有过多的钱用来缴税。

毛利率。毛利率等于毛利润除以销售收入，毛利率的高低体现了企业是否赚钱。一般情况下，生产企业的毛利率如果低于20%，则说明产品的销售毛利不是特别理想。

纯利润率。纯利润率也叫纯利率或净利率，即毛利润扣掉房租、水电费、人员工资等间接分摊费用以后，算出来的纯利润与销售收入的比率。纯利润率低于5%的企业，属于微利润企业，更加需要通过加快周转速度来让企业赚钱。

一元工资利润率。如果老板支付了1500万元的工资（包括社保、个税、个人福利等）给员工，同时员工给老板创造了1500万元的净利润，那么一元工资利润率就是1，这个指标体现了员工给老板创造的价值。如果此指标太低，说明劳动效率太低，可以考虑减员降成本或不减员增效，如用机器人替代部分人工。

利润增长率。利润增长率等于本年度的利润减掉上一年的利润，再除以上一年的利润。

净现金流。净现金流等于现金流入减掉现金流出。此指标体现企业是靠什么活着。如果指标大于零且金额不会太小，说明是靠正常经营活着。如果为负数，说明企业在吃老本或靠借钱度日，或砸锅卖铁度日。

利润含金量。利润含金量等于净现金流入除以净利润。该指标体现企业的利润中有多少是现金到账的。如果企业的利润全都是虚的，都是没有现金到账的，说明利润含金量比较低；如果企业利润都有实实在在的钱支撑，说明利润含金量比较高。

资产负债率。资产负债率等于负债除以总资产，表示企业的负债占全部资产的比率。一般行业中，如果该指标值低于30%，说明老板过于保守和谨慎；如果超过75%，说明企业风险比较大，财务杠杆用得比较足，一定要注意财务风险。

每一元收入费用负担率。每一元收入费用负担率等于费用除以收入，表示企业每一块钱的销售收入中，有多少钱是用来承担费用的。

人均销售收入、人均应收账款、人均利润、人均工资，这几个指标同行业进行比较，企业的经营情况是好是坏立马可见。

除此之外，还有应收账款天数、存货天数、运营周期三项指标，都是管理者非常在乎的重要指标，也是“股神”巴菲特先生分析企业的关键指标。

以上十几个指标不一定全部应用于企业中，不同的行业有不同的指标，比如餐饮行业会用“翻台率”，酒店行业会用“入住率”，超市会用“坪效”“人效”等。

老板要根据不同的行业、不同的阶段、不同的情况灵活使用这些指标，打造属于自己的“驾驶舱”，为企业高效运转保驾护航。

在讨论企业的业绩、经营进展和绩效考核时，我们需要用到许多的指标，包括财务指标和非财务指标。一般来说，在业务部门，我们用到的财务指标的权重要大于非财务指标，而职能部门用到的非财务指标的权重可能要大于财务指标。

当然，也有企业把财务指标称为业绩指标，非财务指标称为行为指标。考核什么就得到什么。有针对性地设计一些指标，是管理中一件非常有意思的事情。指标设计合适，有利于我们得到自己想要的结果。

【案例】

图 7－1 是我给一家汽车 4S 店的集团企业做财务咨询时，在讨论其售后服务部的收入与成本的管控之后，所做的一个“指标工具图”。

当服务部经理拿着这张图时，就有一种“胸有成竹”的感觉，像是要带着整个服务部门全体同仁“下一盘大棋”

的样子。什么时间段，重点提高哪几个指标，另外某个时间段，再重点提高哪几个指标。指标的提升，也同样是企业业绩和整体管理水平的提升。

读者朋友们可以尝试参考图 7-1 画出自己企业的收支指标总图。这样，在开经营分析会时，就一目了然了。

服务利润 = 服务收入 − 服务成本

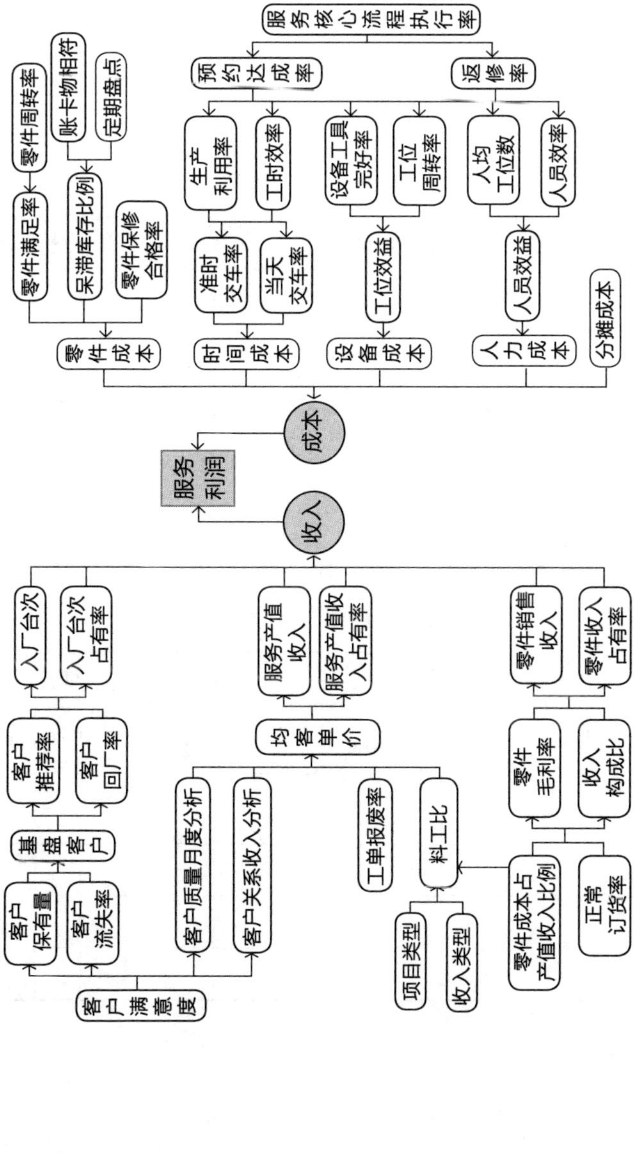

图 7-1 汽车 4S店——服务部收支总图

工具 财务指标管控

表 7–2 还钱能力分析表（偿债）

项目	上一年度			本年度			增长情况		
	公司	行业	偏离率	公司	行业	偏离率	公司	行业	偏离率
流动比率									
速动比率									
资产负债率									
负债权益比率									

表 7–3 管理能力分析表（营运）

项目	上一年度			本年度			增长情况		
	公司	行业	偏离率	公司	行业	偏离率	公司	行业	偏离率
应收账款周转率									
存货周转率									
营业周期									
总资产周转率									

表 7–4 赚钱能力分析表（盈利）

项目	2018 年度			2019 年度			增长情况		
	公司	行业	偏离率	公司	行业	偏离率	公司	行业	偏离率
毛利率									
净利润率									
净资产收益率									
成本费用利润率									

表 7–5 发展能力分析表（增长）

项目	2018 年度			2019 年度			增长情况		
	公司	行业	偏离率	公司	行业	偏离率	公司	行业	偏离率
主营收入增长率									
净利润增长率									
资产保值增值率									
总资产增长率									

|第八章|

C A I W U D E L I L I A N G

成本领先思维

成本改善利润倍增

8

所谓成本是指企业获取收入和利润必要的资源耗费，也就是说，成本是用来换取利润和收入的投入。

成本领先并不意味着企业已经成功到一定程度，但是成本领先可以让企业活得久一点，这就是成本领先带来的价值。在成本管控过程中，企业要了解自己产品的成本，了解企业亏损的原因，了解哪些产品是能够产生利润的。了解了这些，再做其他工作就会变得顺理成章了。

成本领先思维

提到财务，有人就会想到“开源节流”，甚至带点偏见地认为“营销是开源的（增加收入），财务是节流的（控制成本）”。虽然这一说法把财务理解得有点过于狭隘，但也有一定的道理，并且比较通俗易懂。

“利润=收入-成本”，这是财务领域中非常重要的一个恒等式。成本问题是很多老板非常在意的问题。经常有人说，减少一分钱的成本浪费，就能多赚一分钱，所以很多老板对成本的话题非常感兴趣。

1.什么是大成本

什么是成本？有人说成本是魔鬼，是万恶不赦的，是吃掉利润的。虽然这种说法有一定的道理，但并不完全正确，因为这是基于小成本的思维。

大成本的思维告诉我们，成本是“为达到特定目的而发生或应发生的价值牺牲，它是可用货币单位加以衡量的”。成本是企业获取收入和利润的一个必要的资源耗费。也就是说，成本是用来换取利润和收入的资源投入。

成本的本质是什么？“成本是客户愿意支付的部分”，客户不愿意支付的是损失、浪费或残次！成本不是浪费，也不是损失，浪费与损失是企业不能容忍的。但成本不同，成本是必要的。

成本与企业的战略有关。当企业的战略定位确定下来或产品设计确定后，基本上成本就确定了百分之七八十。举个简单的例子，企业战略定位就是要做“高端产品”，那么在设计、用料、生产、包装等很多方面都比中端和低端产品的成本要高，但这个“较高成本”是符合企业战略定位的。

另外，成本与产品的研发设计也有很大的关系。一旦研发设计确定了，百分之七八十的成本就确定了。比如手机产品，如果因为设计环节的缺陷而导致“通信天线”出了问题，必然会造成大量产品返厂或召回，从而产生巨大的成本。如果手机在设计的过程中减少缺陷，则可能不会产生返厂、召回所导致的质量成本和售后服务成本。

2.成本的分类

成本可以分为作业成本和策略成本。

作业成本是指在不影响质量的前提下越低越好的成本，比如制造企业为生产产品而产生的一些制造行为的成本。

策略成本取决于企业战略发展的需要，策略成本不是越低越好。有些策略成本该花就要花，比如，企业为了提高管理成熟度，派高管和财务人员进行财务知识的学习，或者花钱请咨询公司对企业进行财务培训，这些都需要耗费成本。但是这种成本是非常必要的，如果企业花 100 万元做一次咨询，能够把成本降下来，并且提升整个企业的管理成熟度，那么这 100 万元就花得很值得。所以，策略成本并不是越低越好。

企业在战略发展过程中，最常用的就是“差异化策略”和“成本领先策略”，如果一家企业成本管控比同行做得好，把成本控制到了最低，那么这个企业是非常具有竞争力的。

现实中，民营企业老板本身就是控制成本的高手。举个例子，国有企业是一个岗位安排好几个人；民营企业是一个人被安排在多个岗位，或者是某个岗位应该有人却没有匹配到合适的人。表现最好的就是跨国公司或外资企业，它们的做法是该几个人的工作量就安排几个人。总结起来，国企是人浮于事，民企是人不够用，外企是刚刚好。

民营企业的老板是控制成本的高手，但民营企业依然存在大量的成本浪费，依然有很大的成本挖掘空间。有 A、B 两家公司，A 公司收入 10 元，成本 8 元，利润 2 元；B

公司收入 10 元，成本 9 元，利润 1 元。那么对于A公司来说，就是成本是领先的。当然，成本领先并不意味着企业成功到一定程度，而是可以让企业比其他企业活得久，这就是成本领先带来的价值。

在竞争激烈的时代，只要跑过竞争对手就是胜利。举个例子，还是刚才的A、B两家公司，当经济危机来临或市场竞争激烈时，A公司依然使用最典型的方法——价格战，把产品价格降到 9 元，这样A公司还有 1 元的利润；而B公司的成本已经是 9 元了，如果也把价格降到 9 元，就没有丝毫利润可言，只能勉强维持。此时，如果A将价格降到 8 元，虽然利润为 0，但还能继续维持；但如果B也把价格降到 8 元，就已经是亏损状态了。所以，企业成本控制得好，可以让企业活得更久。

3.成本冰山——我们的钱都花到哪里了

在控制、降低成本时，大多数企业都是在显而易见的成本项目上花工夫，然而更多的成本是隐性的，像冰山一样，隐藏在海平面以下，如图 8-1 所示，海面上的成本是小部分，更多的成本在海平面以下，如：市场丧失、订单错误、上市时间过晚、财务决策失误、人员流失……

正如我们都知道的一些名言：时间是最大的成本！舞弊腐败是最大的成本！

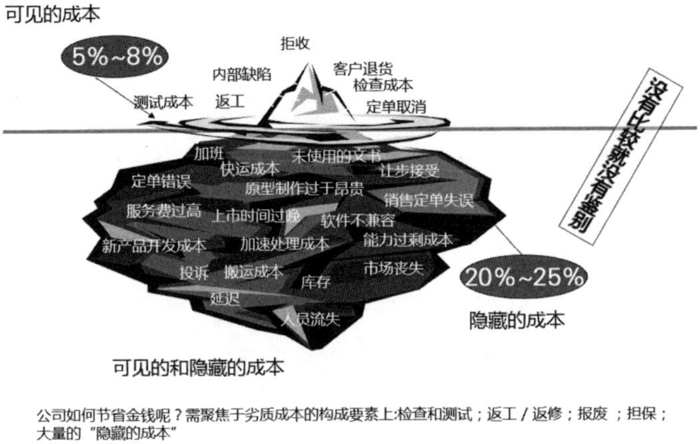

图 8-1 成本冰山

成本居高不下，身为老板的你考虑过以下因素吗？

• 原料使用；

• 半成品和成品不合格；

• 返工；

• 不熟练造成的低效；

• 返修和退补，质量差或参差不齐；

• 库存（包括生产过多）；

• 生产延误；

• 销售人员业务不熟练导致伤害客户。

我们不是要绝对降低成本，更多的是要控制浪费。什么是浪费？即除了使产品和服务增值所需要的材料、设备和人力资源之绝对最小量以外的一切东西！以下是著名的生产七大浪费。

（1）等待的浪费；

（2）搬运的浪费；

（3）不良品的浪费；

（4）动作的浪费；

（5）加工的浪费；

（6）库存的浪费；

（7）制造过多（早）的浪费。

“量本利”的应用

1.“保本点”与“保利点”

做好成本管控，老板一定要了解量本利思维，也叫保本点思维或本量利思维。量本利思维是指产品卖多少钱才能保本、才能不赔钱。

比如，我的团队要制作出版一套《民企财务八大系统》的光盘，研发阶段投入 20 万元，录制阶段投入 5 万元，生产、制作和剪辑需要投入 10 万元，这样可以计算出制作一套光盘的成本。在光盘定价已知的情况下，就能知道至少要卖多少套光盘才能不赔钱。

虽然企业千差万别、产品各有不同，但量本利思维是每个老板都应该具备的基础思维。

成本可以根据其与销售量的关系，分为固定成本和变动成本。每个企业都有固定成本，比如一家小餐馆，即使没有人来吃饭，老板依然要付房租、人员工资等固定必须开支的费用，这叫作固定成本。随着顾客数量的增加，需要消耗的食材也就越来越多，这种随着消费人数变化而不断变化的成本叫作变动成本。

固定成本与变动成本之和叫总成本，总成本等于收入的那个点，叫保本点，也叫盈亏平衡点。盈亏平衡点是每个企业老板必须非常熟悉的一个概念。

“总成本+期望利润”等于收入的那个点，叫保利点。保利点告诉我们，销售收入要达到多少，才能实现期望的利润额。

无论做什么项目、生产什么产品、完成哪笔订单，都要计算出保本点和保利点。

2.控制成本的三个秘诀

控制成本有三个秘诀：(1) 固定成本变动化；(2) 变动成本订单化；(3) 三项费用客户化。

所谓“固定成本变动化”是指让总成本尽可能都是变

动成本。比如，一家企业要组建销售团队，销售人员的底薪类似于固定成本，销售提成类似于变动成本。如果有一天，销售人员的底薪都是零，想必企业对销售人员的需求数量一定会多多益善。销售人员卖出了产品，企业支付提成即可；万一卖不出产品，企业一分钱也不用支付，对于企业来说这样没有固定成本。固定成本就是企业的经营风险，如果企业经营不善，那么固定成本越高，盈利的门槛就越高，就越容易亏损。

【案例】

曾经有一家培训公司，在全国各地都有分公司。其中在广州的一家分公司，办公室面积有450多平方米。随着员工越来越多，这么大的办公室已经容纳不下销售人员的正常办公。

这家分公司的经理看到其他公司都搬进了豪华的办公楼，自己也想换一个豪华的办公场地，于是就把分公司搬到了一个1400多平方米的5A甲级写字楼。这个做法导致这家公司的办公成本（属于“固定成本”）大幅度提高。原来这家公司每月做到100万元的销售收入就能保本，换了办公场地以后，每月要做到220万元的销售收入才能保本。更换办公室导致其长达6个月的连续亏损。

这个分公司的总经理不懂得成本思维，一味跟风，导致公司压力增大。后来，他来上我的财务课程之后，学会了量本利分析模型，懂得盈亏平衡点，他后悔不已，其实有许多办法可以改善办公环境，并非只有增加“固定成本”这一个办法。

前面我们讲了，固定成本越高，盈利的门槛就越高，亏损的可能性就越大。所以，从某种角度上说，固定成本其实就是企业的经营风险。我们在经营过程中，要注意不断地想办法控制固定成本的增长，减轻企业的压力，降低盈利的门槛。其中，不断降低和减少固定资产，也是控制固定成本的一个重要手段。

固定资产一经购买，就产生折旧，每月计入成本费用，形成固定成本。所以，固定资产也等于固定成本，更是经营风险。这样，我们也能理解为什么许多大的跨国公司都尽量不购买固定资产，尽量采用租赁的方式，把固定资产变成变动费用。

比如不买汽车、不买生产线、不买办公楼，甚至服务器、复印机都不购买。能租赁的全部租赁使用，能外包的尽量外包生产。这也是为了把固定成本转为变动费用。苹果、耐克、百事可乐等著名公司无一不是如此。

所谓“变动成本订单化”，是指在降低变动成本时，要想办法把所有的变动成本与每一个产品、项目或订单进行关联计算，归集到每一个具体的订单或项目中，进而可以分析每一个订单的利润和成本。尽量减少公共分摊的费用，与订单有关的、必需的成本可以开支，与订单无关的成本尽量控制。

所谓“三项费用客户化”，三项费用主要是指尽量把“管理费用”“销售费用”“财务费用”三项费用变成与客户相关的费用，如招待费用、差旅费用、公关或佣金费用……尽可能把相关费用归集到每一个客户或员工的头上，以分析每一个客户或员工给公司贡献的利润情况。

ABC成本分析

随着新常态经济下行，许多企业的利润率已经越来越低，想赚钱已经没有以前那么容易了。在低利润时代，如何开源节流？如何精打细算来控制成本呢？

从粗放式管理到精细化管理的时代已经来临。那么到底怎样才是精细化管理？精细化管理的前提是什么？懂得财务管理的企业家都会得出一个结论——精细化管理是建立在精细化核算的基础上。也就是说，精细化管理的前提是账务的精细化，而只有数据精细化才能做成本分析精细化。

假设一个企业有A、B、C三种产品，每种产品的销售收入都是 10 元，但这三种产品的成本分别是 5 元、6 元、7 元，费用分别是 2 元、3 元、4 元，这样可以计算出三种产品的利润分别是 3 元、1 元、-1 元，而三种产品的总利润是 3 元，详见表 8-1。

表 8–1 三种产品的成本与利润

项目	A产品	B产品	C产品
收入	10	10	10
-成本	5	6	7
-费用	2	3	4
=利润	3	1	-1

以上这种方法把企业的总利润和每一种产品的利润都计算得非常精确。但现实中，很多企业并没有这么精确地计算，老板最终看到的数据可能是财务人员的估算数据，如:“总利润 3 元，每种产品各赚了 1 元……”

当老板看到这样的财务数据时，会真的误以为C产品也只赚 1 元钱。那么，一旦老板决定投资扩张、提升某种产品的销量，就可能错误地大量投资扩张C产品，大量销售C产品。但实际情况是C产品是赔钱的，生产得越多、赔得就越多。这也是为什么有的企业销售额越来越大，利润反而下降的原因之一。

如果老板在做扩张决策时，能看到正确的财务数据，毫无疑问会优先选择扩大A产品的销量，甚至减少或砍掉亏损的C产品。

当然，现在很多民营企业在成本管控的过程中，没有做到这么精细的核算与分析，“毛估估”一词成了许多企业核算成本的一种常态。如果老板不清楚每一种产品给企业带来的收益，那么根据财务人员提供的错误数据，会很容易做出错误的决策。

寻找“边际贡献”

有的时候，老板明知道某个产品是亏损的却依然坚持生产销售，导致这种做法的原因有以下三种。

1.因为有边际贡献

企业继续生产销售某种产品虽然会亏损 1 元钱，可如果停产不卖的话，会导致亏损 2 元钱。这种产品从某种角度来说，是帮助整个企业分摊固定成本和费用的。比如上述案例中C产品是在背负4元钱的固定成本分摊的前提下才导致亏损的，如果砍掉C产品，势必导致C产品背负的4元钱固定成本要由A、B产品来承担，这也降低了A、B产品的利润，影响全公司的利润。

【案例】

我的一个朋友开了一家管理咨询公司，主要做人力资源项目的咨询，年收入能够达到1亿元。后来他觉得自己的产品过于单一，并且已经产生了房租、人员工资等固定成本，于是又增加了营销咨询和财务咨询两个产品项目。

这个老板原计划是：主打人力资源咨询项目，一年有1亿元的收入，营销咨询和财务咨询每年分别做到2000万元收入。同时，全公司运营成本大概有4000万元，在没有营销咨询和财务咨询项目的时候，全部成本由人力资源咨询项目来承担，现在有了三个产品项目共同分摊固定运营成本。虽然后两个产品是赔钱的，但是人力资源咨询项目的利润增加了。

后来，我帮助这个朋友重新设计了财务咨询产品。最后，由于企业家培训与咨询市场对财务咨询需求的火热，使得财务咨询的收入和人力资源咨询的收入相当，让这位老板非常惊喜。

有些产品最开始的目的是帮助其他产品分摊成本，后来做得比主营产品还要好，也算是“无心插柳柳成荫”了。“销售收入-变动成本=边际贡献”。当产品的“边际贡献”大于零的产品，就可以帮助分摊企业的固定成本，虽然最后该产品的净利润亏损，但也有存在的意义。

2.为了产品的配套

所谓“生产配套”是指如果不卖A产品，那么与它配套的B产品就卖不掉；卖了A产品，B产品会卖得更好。所以，老板即使知道某个产品赔钱也要继续生产销售。

比如，我在京东或当当销售的《大财商》《民企财务八大系统》等教学光盘及相关图书，本质上是不赚钱的，甚至有点赔钱，这相当于A产品。但是客户看到了我的光盘或图书，会更愿意购买我的相关的数万元的“老板财务系统课程”。那么，教学光盘的销售带动我培训课程的销售，后者相当于是B产品。其实，我的培训课程也不是非常赚钱，真正能给我带来核心利润的是“咨询案”及帮助企业IPO上市的项目，这相当于C产品。从营销的角度讲，相当于用A产品建立了一个“沙滩”，在“沙滩”上寻找“贝壳”，然后在“贝壳”中寻找“珍珠”。

我通过培训课程这个B产品让客户熟悉我、信任我，进而来找我做咨询。这个时候，我的光盘、培训课程、咨询项目就实现了产品配套，如果没有前面的光盘、培训课程，那后面的咨询项目也就无法有好的销售结果。

3.为了企业的现金流

比如，亚马逊书店从出版社购进一本图书是10元钱，但销售价格却是9.8元，每一本书都赔0.2元，这么做的原因是为了现金流。因为亚马逊进货的钱要在图书销售完毕的三个月之后付给出版社，而它销售的钱却是当时立马能够收到的，虽然每本书赔钱0.2元，但这0.2元相当于获得9.8元资金所付出的3个月资金利息。亚马逊在3个月内可以随意使用这笔钱，3个月后才把钱支付给出版社。

在企业成本管控的过程中，应该了解产品的成本结构、企业亏损的原因、不同产品的利润情况。只有了解这些财务信息，接下来的很多工作就顺理成章了。比如产品定价的问题，有很多老板对产品的定价感到头痛，不清楚产品的具体成本势必会对产品的定价产生影响。

企业在成本管控方面做得越好，企业才会走得越远，并且伴随着企业的财务管理系统要求也会越高。当然，成本管控是以财务数据为中心，其他各部门和业务方面齐头并进、全力配合的一个综合表现。成本控制不是一味地降低成本，而是保证成本与战略目标相适应。

工具　成本分析常用表格

1.经营利润表

表 8–2　经营利润表

期间：　　　　　　　　　　　　　　　　　　　　　　单位：人民币万元

项目		编号	部门				百分比
			销售 1 部	销售 2 部	销售 3 部	公司合计	
销售净额		1					
变动费用	商品成本	2					
	物流运输费	3					
	促销费	4					
	业务提成	5					
	税金	6					
	业务资金利息	7					
	其他变动成本	8					
	变动费用小计	9					
边际利润		10					
边际利润率		11					
固定费用	人工费用	12					
	设备费用	13					
	房租费用	14					
	固定利息	15					
	其他经费	16					
	固定费用小计	17					
经营利润		18					
投入人员数		19					
人均边际利润		20					
一元工资利润率		21					

说明：可以分部门，按变动费用与固定费用分开的形式分析成本的构成情况。其中公式计算如下：

边际利润＝销售净额－变动费用小计

边际利润率＝边际利润/销售净额

经营利润＝边际利润－固定费用小计

人均边际利润＝边际利润/员工人数

一元工资利润率＝经营利润/工资总额

2.产品经营利润表

表 8–3 产品经营利润表（产品）

期间： 单位：人民币万元

项目		编号	产品				百分比
			A类产品	B类产品	C类产品	公司合计	
销售净额		1					
变动费用	商品成本	2					
	物流运输费	3					
	促销费	4					
	业务提成	5					
	税金	6					
	业务资金利息	7					
	其他变动成本	8					
	变动费用小计	9					
边际利润		10					
边际利润率		11					

（续表）

项目		编号	产品				百分比
			A类产品	B类产品	C类产品	公司合计	
固定费用	人工费用	12					
	设备费用	13					
	房租费用	14					
	固定利息	15					
	其他经费	16					
	固定费用小计	17					
经营利润		18					
投入人员数		19					
人均边际利润		20					
一元工资利润率		21					

3.成本结构分析表

表 8–4　产品收入成本月报表

报告月份：

产品名称	项目	1月	2月	3月	年累计	年度预算达成（%）
产品一	销售收入					
	销售成本					
	销售毛利					
	销售数量					
	销售单价					
	单位成本					
	单位毛利					
	毛利率（%）					

（续表）

产品名称	项目	1月	2月	3月	年累计	年度预算达成（%）
产品二	销售收入					
	销售成本					
	销售毛利					
	销售数量					
	销售单价					
	单位成本					
	单位毛利					
	毛利率（%）					
产品三	销售收入					
	销售成本					
	销售毛利					
	销售数量					
	销售单价					
	单位成本					
	单位毛利					
	毛利率（%）					
汇总	销售收入					
	销售成本					
	销售毛利					
	销售数量					
	销售单价					
	单位成本					
	单位毛利					
	毛利率（%）					

4.部门费用趋势分析表

表 8–5　各部门差旅费明细表

期间：　　　　　　　　　　　　　　　　　　单位：人民币万元

项目	1 月	2 月	3 月	4 月	5 月	6 月	……	合计
采购部								
销售部								
市场部								
研发部								
物流部								
行政部								
人力部								
企划部								
财务部								
总裁办								
合计								

说明：可以用柱状图或折线图来分析各部门某费用的构成情况及发展趋势，并对费用最高的三个部门进行重点分析。

5.部门费用结构分析表

表 8–6 各部门差旅费所占比例

编号	项目	金额（万元）	比例（%）	备注
1	采购部			
2	销售部			
3	市场部			
4	研发部			
5	物流部			
6	行政部			
7	人力部			
8	企划部			
9	财务部			
10	总裁办			
合计				

说明：可分析部门的费用占比、费用结构、费用利用效率。

|第九章|

C A I W U D E L I L I A N G

9

财富安全思维

税务风险与稽查应对

老板最大的风险是税务风险。财富是0，安全是1，要财富还是要安全？很多企业老板在积累财富的过程中也积累了大量的风险，这些风险是老板不需要且应该极力避免的。

当企业规模越来越大，老板积攒了大量财富时，就不应该还用当年创业初期时的方法来经营企业，这时老板应该做的是平衡风险与财富之间的安全关系。

平衡财富与安全的关系

老板最大的风险是税务风险。

死亡和纳税，是人生不可避免的两件事情。

财富是0，安全是1，要财富还是要安全？很多企业老板在积累财富的过程中也积累了大量风险，这些风险是老板不需要且应该极力避免的。

我曾经跟一位老板开玩笑说，如果把财富和安全做个比喻，财富是0，安全是1，你选财富还是选安全？当然，有人觉得“0”重要，有人觉得“1”重要。

当人们口袋里只有10元钱的时候，会想尽各种办法增加财富，也就是增加“1”后面的“0”。同理，很多老板在创业初期赚第一桶金的时候，即便承担再大的风险也敢做。后来财富多了，“0”多了，就像:“100000000”一样。最前面那个“1”就变得越来越重要，没有前面的“1”，后面再多的“0”也没有意义。所以，当企业的财富越来越多、个人的财富也越来越多时，安全变得越来越重要。

在企业经营过程中，开始时有一点风险很正常，但是随着企业规模越来越大，老板积攒了大量财富时，就不应该还用当年创业初期时的方法来经营企业。这时老板应该做的是平衡风险与财富之间的安全关系。

3 岁的小孩子会穿开裆裤，但 18 岁的小伙子一定不能再穿开裆裤了。随着年龄增长需要更换衣服，同样随着企业发展壮大，财务管理方式也需要升级和调整。

老板在赚第一桶金的时候不太重视安全问题勉强可以原谅，但是在拿到第一桶金后，准备第二阶段的创业时，就应该越来越多地关注风险规避的问题。企业面临的风险有很多，比如经营风险、财务风险、税务风险等，这些风险中，最令老板头痛的最大的风险就是税务风险。经营风险导致的最坏结果就是亏损，大不了企业倒闭，只要用钱能解决的问题都不算问题。而税务风险导致的结果就不是损失点钱那么简单了，弄不好会让老板损失人身自由甚至生命。所以，老板要格外重视税务风险。

【案例】

有一次，我从江西老家开车到杭州，准备给杭州代理商的一些销售团队做培训。接待的工作人员没有把我带到宾馆，而是直接把我带到一家“两岸”咖啡厅。

我一推开咖啡厅的门，就看见里面坐着五六个精神状态很不好的人。每个人都一脸严肃，他们分别是咖啡厅的老板娘、老板娘的弟弟、生产经理、办公室主任等。

坐下详细沟通后，我才知道他们的老板尚总此时已经进了厦门的监狱。原来，这个老板在经营企业的过程中完全按照自己的想法做事，没有考虑太多关于税务风险的问题，最后酿成了现在的大祸。

事情是这样的：老板尚总开了将近200家连锁店，绝大部分客户买完东西以后都不要发票，所以这家企业的账上有大量的账外资金。尚总用这笔账外资金找了一个上海的公司（供应商）买了一台250万元的二手设备，而且他也没有索要发票。

这个二手设备是从日本买过来的，从日本运到中国台湾，在台湾翻修以后运到厦门，再从厦门运到浙江。这位上海的供应商公司老板是日本人，所以相当于尚总找了一个日本人买了一台不要发票的二手设备，货物从台湾运到厦门的过程中因走私被扣住了。因为某些政治因素，船长招供了很多信息，于是厦门公安局和税务局就来浙江调查老板尚总。

第一次查的时候其实并没有抓走老板尚总，并且设备还在公司里，老板尚总还非常“仗义”地给日本老板发短信，让他躲在日本千万不要回中国，躲过风头再说。可是这个供应商日本老板不但回到了中国，还主动找到了警方自首，说是这个浙江老板尚总让他这么做的，把全部的责任都推给了浙江老板，同时向警方展示了那条短信，说浙江老板从他那里一共走私了3台设备，并且分别开了两张60万元和50万元的虚假发票。

……

经过了解后，我判断这家企业在财务上一定还存在其他违法的问题，于是派了团队的几位财务咨询老师去企业实地核查。最后发现，这个企业账务上存在很大的风险，比如有将近400万元的虚开的增值税发票。

之后，我们给这家企业做了大量的财务系统的梳理与整改。幸好我们进入得及时，否则更大的财务问题也会随之暴露。

……

最后，这位浙江的老板尚总被判入狱（11个月后才出狱），而这个日本老板花了500万元取保候审，不到一个月就从监狱里出来了。

在聊天时，老板娘的弟弟说了一句话让我印象非常深刻，他说：“涉及增值税走私和增值税发票虚开的问题，哪怕是税务局没来查，公安局没来抓我们，但只要我们做了，也相当于给自己判了缓刑。”

我在全国授课及做咨询的过程中，几乎每个月都会听到各行业老板因偷税而出事的消息。一位企业家的殒失，可能造成数十、上百个员工失业，影响非常之大。每每听到、见到此类消息，我都痛心疾首，虽然技术处理起来很容易，但是老板的财富观念、财务认识与选择更加重要。赚钱和利润固然重要，保护老板及企业的安全更加重要。

税收的违法责任及处罚

做什么事情都要有自己的底线。如果老板在税务方面违法了，将会面临什么样的处罚呢？当我们清楚了主要的违法责任后，才可以做到有的放矢。

税收的违法责任可以分成两大类，一类叫行政责任，一类叫刑事责任。

1.哪些企业喜欢偷税

客户不要发票的企业，比如客户基本是个人或个体工商户的。

进项比较少、销项比较多，或者进销差价比较高的企业，或者税负高的企业。如，做医疗器械的、给医院供药的。

拿不到成本发票的企业（如：建筑、工程、餐饮等）。无发票，即无法抵扣的同时也无法在所得税前列支。曾经有一次我碰到一位工程企业的老板，我问他“是否 40% 的成本拿不到发票”，他摇摇头，说不止这个比例。进项比较多、销项比较少的企业。如供应商非要给增值税发票，但客户基本不要发票。

利润比较高、老板不想缴企业所得税的企业。或者产品附加值比较高的企业，如医疗美容整形、洗浴中心等。企业税前利润高，5000 万元的税前利润，要缴 1250 万元的企业所得税，很多老板会想尽一切方法来税务筹划。

涉及回扣的企业。商业回扣或佣金，一方面未给对方扣缴个人所得税，同时也没有发票，无法抵扣，无法在企业所得税前列支。

最后，延迟纳税的企业。当然还有其他的，如骗取退税的、卖发票赚钱的、做两套账的、不缴纳和申报个人所得税的，等等。

2.行政责任

税收行政法律责任主要有：违反税务登记管理制度、违反账簿管理制度、违反发票管理制度、违反纳税申报制度、违反税款征收制度等。

税收行政处罚的形式主要是罚款、没收违法所得、取消出口退税资格等。

行政责任比较容易处理，比如吊销资质、罚款。通常罚款金额是偷税金额的50%到5倍之间，比如企业偷税100万元，那么罚款金额在50万元到500万元之间。另外还需缴纳滞纳金，每日应缴纳的滞纳金约等于偷税金额的万分之五。如果一个企业偷税三五年之后才被发现，那么企业要缴纳的滞纳金也是一笔不小的金额。而且税法上没有规定滞纳金一定不能超过偷税金额本身。

3.刑事责任

税收刑事法律责任主要有：逃避缴纳税款罪（俗称“偷税罪”）、抗税罪、虚开增值税专用发票罪、伪造或出售伪造的增值税专用发票罪、骗取出口退税罪等。

税收刑事处罚的形式主要是管制、拘役、有期徒刑、无期徒刑四种。附加刑有罚金、剥夺政治权利、没收财产三种。

刑事责任又分为两大类，一类是与增值税相关的，一类是不与增值税相关的。其中，与增值税相关的情节非常严重，且风险巨大。

增值税是国家的命脉，约占国家财政收入的40%。增值税一旦出现问题，动摇的是整个国家财政的根本。所以，国家把增值税定为国税、金税，是有一定道理的。

朱镕基总理在任的时候，花了很大力气建立了一套“金税”系统，通过互联网络控制增值税的增收，保证增值税不会出现问题，可见国家对增值税的重视程度。增值税是财政收入的一根红线，坚决不能触碰。任何企业或个人都不能打增值税的主意，谁偷逃增值税就相当于让国家“难堪”。

触碰增值税这条红线，很有可能会赔上“性命”。从前，各类新闻媒体也经常报道某人因为偷税被判死刑的消息。后来国家开放，取消增值税的死刑，但保留了“无期徒刑”。如果一个人被判无期徒刑，那么他的一生基本也就完了。所以有关增值税的问题，企业老板要格外谨慎。

老板不要触碰增值税这条红线。现在，国家也有一些较为宽容的政策来对待非增值税的违法问题，其中有一项是如果当事人主动把税款和滞纳金等罚款补齐，并且符合一定条件，就不用承担法律责任了。这对民营企业老板来说无疑是个好消息。

4.与增值税相关的判刑标准

增值税相关的常见罪名有三个：虚开增值税专用发票罪、伪造或出售伪造增值税专用发票罪、骗取出口退税罪。其中虚开增值税专用发票罪最为常见。

涉税1万元以上就可以判刑，这个金额其实非常低，企业老板一不小心就会碰到判刑的门槛。偷税50万元可判刑10年。假设一个企业虚开了400万元的发票，按照13%的税点，就已经达到50万元了，足够一个人在监狱里待上10年。并且每增加1万元就增加1个月的有期徒刑。曾经有一个北京的食品企业老板虚开了7000万元的发票，这对于一个40多岁的人来说，基本上等于无期徒刑。

特别说明一下，虚开增值税专用发票税款数额50万元或使国家税款被骗取30万元，基准刑为有期徒刑10年；虚开的税款数额每增加1万元或实际被骗取的税款数额每增加5000元，刑期增加1个月。

5.增值税专用发票虚开的常见问题

我在全国各地给企业老板讲课时，经常碰到一些企业“虚开增值税专用发票”的问题。总结下来，常见的几种与增值税相关的情况如下。

（1）进项税或销项税只有其一。有些企业采购时，供应商不给开发票（多数是为了控制成本、价格便宜，找无票的供应商或不愿意承担进项税金），但是企业销售时客户一定要发票，这样的话，企业相当于只有销项税没有进项税，企业没有办法只好买发票来作为进项税抵扣。

还有的企业采购时，供应商都是非常正规的上市公司，各种手续和发票一应俱全，但是销售时，客户不要发票。企业进项发票太多，只好把多余的发票卖掉，一般按7%或8%的税点出售。

【案例】

我在宁波遇过这样一位老板，一年赚700万元，其中650万元的钱来自倒卖发票。

这家宁波的企业有很多进项税发票，但是这家企业的客户不要发票。于是这位老板就去无锡成立一家公司，把发票开给无锡这家公司，然后再由无锡的公司把发票卖掉，相当于专门成立了一个处理发票的公司。

我得知这件事以后倒吸一口凉气，告诉这位老板，这件事情的风险堪比卖白粉。但是语言的力量是苍白的，我和他沟通时，他还振振有词地说："我们圈子里的老板很多都这样做。"真是无知者无畏，通常祸事也是这么酿成的。

（2）增值税虚开的四种情况。企业还会遇到这样一种比较典型的情况：比如，A公司是一家大型上市公司，各种手续和发票非常齐全；A公司把产品卖给B公司，B公司是一个小型个体工商户，或者是一个定额税的小企业，不需要发票；B公司又把产品卖给C公司，C公司需要发票，但是B公司没有发票。正常情况下，C公司肯定会找B公司要发票，但B公司确实没有发票，于是B公司让A公司把发票直接开给C公司。这种情况也是触犯法律的。

总结起来，增值税发票虚开有以下几种情况：第一种，我为他人虚开；第二种，我让他人为我虚开；第三种，介绍他人虚开；第四种，我为自己虚开。

这么说来，A、B、C三家公司正好对应了三种情况：A是为他人虚开；B是介绍他人虚开；C是让他人为自己虚开。无论是谁，无论是哪种情况，都触犯了法律，一旦被查，三家企业都要受到处罚。

6.如何判断增值税发票是否虚开

（1）三流一致。虚开发票有一个标准，就是“物流、资金流、信息流”不一致，就会涉嫌虚开发票的问题。A把货物给B，这叫物流；B把钱给A，这叫资金流；A把发票给到B，这叫信息流，这样才能做到三流一致。上述案例中，A把货物给B，B把钱给A，但A的发票最终开给了C，三流不一致，涉及虚开发票的问题。

（2）金额与数量一致。在保证三流一致的情况下，金额和数量也要一致，否则也算虚开发票。

【案例】

江苏盐城一位生产电梯配件的企业老板报了我的全部财务课程，并邀请我去他的企业参观。他和我说，他找A公司买了500万元的钢材，同时A公司卖给别人300万元的钢材，那家公司不要发票，而他跟A公司相关人员关系比较好，于是就把这300万元的发票一起要了过来，让A给他开一张800万元的发票。

对于A公司来说，开一张800万元的发票和分别开500万元、300万元的发票，最终缴税的金额是一样的。但是发票的金额、数量与实际物流不一致，也算虚开发票。

由于货物的市场价格是变化的，并且没有完全准确的参考标准，所以有时候货物可以修改单价，但是绝对不能修改数量，一旦修改数量，就会百分之百被认定是虚开发票。

老板应该知道增值税是国家命脉、是红线，不能轻易触碰，但有些财务人员或销售人员仍然不以为然。我最近遇到过几件案子，大概就是老板遵纪守法没有虚开发票的想法，但是财务人员瞒着老板对外卖发票，或者销售人员瞒着老板和财务对外卖发票。尤其是销售人员卖出货物以后来找财务，说客户要开发票，而财务也没有认真核对就按销售人员提供的开票信息开具了专用发票。销售人员把

《中华人民共和国刑法》摘录

第一百六十二条【妨害清算罪、隐匿、故意销毁会计凭证、会计账簿、财务会计报告罪；虚假破产罪】隐匿或故意销毁依法应当保存的会计凭证、会计账簿、财务会计报告，情节严重的，处五年以下有期徒刑或拘役。

第二百零一条【逃税罪】纳税人采取欺骗、隐瞒手段进行虚假纳税申报或不申报，逃避缴纳税款数额较大且占应纳税额百分之十以上的，处三年以下有期徒刑或拘役，并处罚金；数额巨大且占应纳税额百分之三十以上的，处三年以上七年以下有期徒刑，并处罚金。

第二百零一条修订后增加的第四款（张金宝注：此款属“花钱买罪”条款）经税务机关依法下达追缴通知后，补缴应纳税款，缴纳滞纳金，已受行政处罚的，不予追究刑事责任；但是，五年内因逃避缴纳税款受过刑事处罚，或者被税务机关给予二次以上行政处罚的除外。

第二百零二条【抗税罪】以暴力、威胁方法拒不缴纳税款的，处三年以下有期徒刑或拘役，并处拒缴税款一倍以上五倍以下罚金；情节严重的，处三年以上七年以下有期徒刑，并处拒缴税款一倍以上五倍以下罚金。

第二百零三条【骗取出口退税罪、偷税罪】以假报出口或其他欺骗手段，骗取国家出口退税款，数额特别巨大或有其他特别严重情节的，处十年以上有期徒刑或无期徒刑。

第二百零四条【虚开增值税专用发票、用于骗取出口退税、抵扣税款发票罪】虚开增值税专用发票或虚开用于骗取出口退税、抵扣税款的其他发票的，处三年以下有期徒刑或拘役；虚开的税款数额较大或有其他严重情节的；虚开的税款数额巨大或有其他特别严重情节的，处十年以上有期徒刑或无期徒刑。

企业犯本条规定之罪的，对其直接负责的主管人员和其他直接责任人员处罚。虚开增值税专用发票或虚开用于骗取出口退税、抵扣税款的其他发票，是指有为他人虚开、为自己虚开、让他人为自己虚开、介绍他人虚开行为之一的。

第二百零五条【伪造、出售伪造的增值税专用发票罪】伪造或出售伪造的增值税专用发票的，处三年以下有期徒刑、拘役或管制；数量较大或有其他严重情节的，处三年以上十年以下有期徒刑；数量巨大或有其他特别严重情节的，处十年以上有期徒刑或无期徒刑。

（上述法条未摘录罚金部分，详细请参见法律原文）

图 9–1 法律条款摘录及作者注

原本属于A的发票卖给了B，最终导致老板被抓。这在现实工作中是很常见的。

以上摘录了《中华人民共和国刑法》的部分内容，请读者朋友们阅读。

企业常见的15大税务风险

1. 内部借款

内部借款是指股东向公司借款，股东向公司借款有可能涉嫌抽逃注册资本金，也可能涉嫌“视同分红”（股东借款超过一个纳税年度未归还），从而导致需要缴纳个人所得税，这对企业来说是个不小的风险。

2. 账外资金回流

老板把钱借给企业会被怀疑账外资金回流。比如，一个做服装生意的老板卖了1000万元的衣服，客户都不要发票，于是老板就把这笔钱放进自己的个人口袋。后来企业要进货，需要钱，于是公司向老板个人借钱，这个时候，税务局会认定为企业做两套账，有账外资金隐藏收入。这对企业来说也是个不小的风险。

3.商业回扣

商业回扣在企业经营过程中很常见，我在广西南宁遇到一位企业老板，他们一年 9000 万元的营业额中，有差不多将近 2000 万元的回扣，但这些回扣都不可能有发票，更不可能代收款人扣缴个人所得税。商业回扣最常见的就是医疗器械或医药行业，这个行业有个显著的特点叫作“两高一低”，就是毛利高、税高、纯利润低。中间大部分钱都因为回扣消耗掉了。

4.增值税发票虚开

前面已经讲过了，缺进项发票或进项发票太多等可能导致虚开。风险巨大，极易被判 10 年以上。

5.支出无票

支出无票是指企业花了钱却没有拿到发票。我最近在河北衡水遇到一个客户，他花了 7000 多万元盖了一栋厂房建生产线，钱已经付出去了，最终没有拿到多少发票，导致固定资产无法入账，更无法提取折旧进入成本、在所得税前列支。按照 25% 的企业所得税计算，这个老板要损失1000多万元的企业所得税（7000×25%=1750万元），后来这个老板找到我做财务咨询，在我的帮助下，大大降低了税务风险和税务成本。

6.不合规票据

不合规票据是指发票的抬头、日期等信息不合规，比如企业在1月份的报销中出现了12月份的发票，这就叫不合规发票。不合规票据还包括抬头简称、金额错误、备注栏折扣等。其中抬头简称是最常见的不合规问题。

7.提前开发票

提前开发票是指企业的交易还没有发生，成本还没有产生就提前把发票开了。

8.存货账实不符

这是民营企业存在的一个非常严重的问题。要么实际存货比账面多，要么实际存货比账面少，这同样会引发严重的税务风险。

9.财政性资金收入不缴税

财政性资金收入是指企业取得的来源于政府及其有关部门的财政补助、补贴、贷款贴息，以及其他各类财政专项资金等。许多企业认为这是政府补贴，可以不缴税，如果缴税不就又还给政府了吗？但实际上，除了个别款项准予作为不征税收入外，其他一些财政性资金收入也是要缴税的。企业对这部分资金不缴税，便会产生罚款、补税、缴纳滞纳金的风险。

10.两套账

做两套账甚至三套账的民营企业比比皆是，几乎成了民企的财务常态。如税务会计做内账，其他财务人员做外账；或者人工做外账，电脑做内账等。

有的企业是5:5，即在内账体现50%隐藏起来的销售收入，在外账体现50%申报纳税的销售收入；还有的企业是1:9，即90%的销售收入隐藏，10%的销售收入申报纳税。

曾经有一家从事白酒批发的企业，真实的年营业额近2亿元，但是在给税务局的纳税报表（外账）上体现的销售收入只有600多万元。因偷税被判刑的老板基本上都是“两套账”被攻破，只要被人举报，很快就会证据确凿，风险极大。

11.大额不需要支付的应付账款

这很有可能是企业买发票时，票买进来了，却不用付货款，只好挂在“应付账款”上，买票越来越多，金额越来越大。最后在财务账上留下“后遗症”无法消除。

12.公司注销问题

有的企业犯了原罪，大量地偷逃税款，老板担惊受怕，就想把公司注销，一了百了。有句话说，“想活不容易，想死更难”。公司注销，一般要经税务局对公司近期3~4年的税务进行稽查审计。企业的问题能经得住稽查吗？

13.收入确认按开票时间确认

很多企业是收款的时候开票、确认收入。但也有企业存在客户要发票、打款的时间和正常销售的时间不一致的情况。如6月1日把货卖了（货已经发送完毕），9月1日客户才给我们付款。这种情况下什么时候开票并纳税？纳税义务时间是什么时候？

按税法规定，我们纳税义务时间是6月1日，但是大多数企业都把9月1日客户付款并给客户开票的时间作为纳税义务时间。这也将导致税务风险。

14.公司账户套现

出借账户或帮客户提取现金，如客户购买我们10万元货款，给了我们一张15万元的支票，让我们帮忙提取5万元的现金（不是要回扣，发票面额还是10万元），这容易被认定为价外费用征税。

15.账面记录不规范

如果企业的账本或会计凭证上写着“代开”“税点”“回扣”“送礼”等字眼，将会给企业带来不可预料的风险。

这 15 个常见的企业税务风险如果有务必要及时处理，否则会留下很多“后遗症”，形成企业的原罪和历史遗留问题。解决办法有，老板和财务人员一起去参加财务系统微咨询的课程，或者聘请财税顾问来企业开会探讨、逐个清理。

工具 税务风险自测表

表 9–1 是纳税评估自测表，企业需坚持每个月填写，并关注相关指标的动态变化，连续起来分析，就能看出企业发展是否符合正常的商业逻辑。比如毛利率是否平衡变化，税负率是否存在大幅忽高忽低，能耗率是否正常，等等。

如果企业将不安全的报表报给税务局，相当于自己举报自己。所以，企业在报税前一定要先做风险自测，当然，也可以请外部税务顾问帮忙做评估。

计算公式：

销售收入变动率 =（评估期收入 – 基期收入）/ 基期收入

销售成本变动率 =（评估期销售成本 – 基期销售成本）/ 基期销售成本

期间费用变动率 =（评估期期间费用 – 基期期间费用）/ 基期期间费用

销售毛利率 =（主营业务收入 – 主营业务成本）/ 主营业务收入

销售利润率 = 营业利润 /（主营业务收入 + 其他业务收入）

收入费用率 = 本期期间费用 / 本期主营业务收入

表 9–1 纳税评估自测表

项目	2018 年度												2018 年度	2019 年度					
	1 月	2 月	3 月	4 月	5 月	6 月	7 月	8 月	9 月	10 月	11 月	12 月		1 月	2 月	3 月	4 月	5 月	6 月
收入																			
成本																			
期间费用																			
收入变动率																			
成本变动率																			
费用变动率																			
毛利率																			
利润率																			
收入费用率																			
能耗率																			
运费率																			
固定资产折旧率																			
无形资产摊销率																			
存货周转率																			
预收收入比率																			
所得税负担率																			
所得税贡献率																			
流转税税负率																			
整体税负率																			

能耗率=本期外购（水、煤等）金额/主营业务收入+其他增值税应税收入

运费率=本期运费发生额/（本期存货购进额+主营业务收入+其他增值税应税收入）

固定资产综合折旧率=固定资产折旧额/固定资产原值

无形资产综合摊销率=无形资产摊销额/无形资产原值

存货周转率=销售成本/平均存货

预收收入比率=预收账款余额/本期收入

所得税税收负担率=应纳所得税额/利润总额

所得税贡献率=应纳所得税额/主营业务收入

10

|第十章|

C A I W U D E L I L I A N G

纳税筹划思维

民企税务规划设计

税是交易产生的，在经营企业的过程中，只要有交易产生，纳税就是不可避免的。

对于企业来说，税务问题是必须要面对的问题，很多企业老板不明不白地交税，但实际上，企业有很多税是可以避免的。

多缴税和缴糊涂税

税是交易产生的，在经营企业的过程中，只要有交易产生，纳税就是不可避免的。对于企业来说，税务问题是必须要面临的问题，很多企业老板不明不白地交税。常见情况有以下两种：完全相信财务人员，财务人员说交多少就交多少；完全相信税务局的朋友，税务局的朋友说交多少就交多少。

但实际上，企业有很多税是可以避免的。

【案例一】

我有一位青岛的客户，他向我咨询了这样一个问题：招聘一位多少月薪的财务经理比较合适。

我了解过他的公司规模和业务后，说："你的企业规模不是很大，但业务还是比较复杂的，你招聘的财务经理月薪至少不能低于 8000 甚至 9000。”

后来，这位青岛的老板并没有听我的话，自作主张招聘了一个月薪 3000 多元的财务人员来管理企业的财务。一年以后，我去这家企业做咨询，通过材料发现这家企业有一笔 60 万元的税款可以利用国家的退税政策，结果由于财务人员的问题，导致这笔税金的退税已经过了有效期限。就这样，企业白白损失了 60 万元。

我找来这名财务人员进行沟通，财务人员听明白后差点哭了出来，流泪哀求我不要告诉他们老板，否则自己会丢掉这份工作。我觉得，这 60 万元的损失已经造成了，而且无法挽回。如果让老板知道，老板一定会受到影响，很可能会开除这个财务人员。那么就相当于企业花 60 万元培养的财务经理将被开除。于是我思量再三，就没有把这件事情告诉老板，但也与这名财务人员进行了长达半个小时的谈话。

经过这次谈话，这名财务人员在后面的工作中进步很大，税务会计处理方面很快就有了很大的提升。

对于企业来说，可以利用国家政策避免，却因财务人员不懂政策而缴纳的税款都是浪费。企业不应该一边税务筹划，一边又大量地多缴税、缴糊涂税。

由于财务人员的问题造成企业多交税款的问题很常

见，可是老板对此并不知情。有些时候，财务人员甚至会利用老板不懂纳税政策的弱点故意多缴税款。

【案例二】

我以前经常会给一些会计师、财务经理、财务总监讲课，里面有许多财务人员都成了我的“粉丝”学员。

有一天，一个做财务工作的学生在财务人员的微信群里说:“如果老板对我不好，我就故意多缴一些税。”

我很好奇，和他私聊，难道他的老板不知道他多缴税了吗？这个学生说，如果老板问起来，他就把“增值税、所得税、流转税、价内价外……”通通解释一遍，老板根本听不懂这些，只好说“算了，算了，就这样吧”。

于是，税就这样被财务人员“不怀好意”地缴出去了。

当然，这种财务人员比较少有。但是，因为财务人员的失误造成税务损失，或者财务人员把违法偷税的方法当成纳税筹划的方法应用，给企业造成损失，就很常见了。

企业老板必须要适当了解一些关于缴税的相关知识，应缴尽缴，应省尽省，不能当一个糊涂的老板。

企业的3个阶段

很多企业都经历过这3个层次，偷税、避税、纳税筹划。

虽然偷税不是一个好的行为，却是一个不争的事实。税务工作人员，他们看待企业就像看待鱼缸里的鱼一样，清清楚楚。

税务局对待企业偷税的行为有两种做法，一种是“海绵挤水”，另一种是“放水养鱼”。

什么是“海绵挤水”？税相当于海绵里的水，用力捏一捏就多出一些水，轻轻捏一捏就少出一些水。税务局既要考虑财政收入增长，还要考虑到企业的生存环境及招商引资的环境。因此在对待企业的某些行为时也会有张有弛。

什么是“放水养鱼”？税务局非常清楚企业在偷税，但是觉得企业现在的规模还不够大，等企业规模做大了才是收割的时候，这就是“放水养鱼”的做法。

避税和税务筹划是有本质区别的。有人觉得，避税是合理的，这种说法是错误的，根本不存在“合理避税”这个说法，合理就不能避税，避税就一定不会合理。所谓避税，就是形式上合法但实质上违反了税法的立法精神，换句话说，就是钻了法律的漏洞，是一种错误的税务筹划方法。

以上偷税避税都不是企业财务人员应该做出的事情，

只有合法、合理地进行税收筹划，才是企业正确的做法。

税收筹划是税务部门鼓励企业的做法，是指通过合理合法的手段改善企业的经营行为、改变交易方式或交易地点，从而降低企业的税负。

一个著名的税收筹划案例

企业胆敢偷税，自有法律制裁。在剩下的避税和纳税筹划两个阶段中，企业更愿意选择纳税筹划。因为避税和纳税筹划是两种不同的方法。

避税虽然形式上合法，但终究是钻了法律的漏洞。所以国家也有相应的反避税部门和措施。

利润转移是企业常见的避税方法，也叫转移定价，尤其在跨国公司中更加常见，这正是各个国家税务部门打击的对象。转移定价的避税原则，一般适用于税率有差异的相关联企业。通过转移定价，使税率高的企业部分利润转移到税率低的企业，最终减少两家企业的纳税总额。

苹果公司每年通过避税节省下的利润大概是200亿元人民币，他们用的避税方法叫作“三明治避税法”。

【案例】

苹果公司先后在爱尔兰、荷兰成立了三家公司，第一家和第三家都在爱尔兰，中间夹了一家荷兰公司，就像一个“三明治”。

苹果公司在全球（美国除外）的很多收入都进到第一家爱尔兰“苹果国际销售”公司的账户上。(所得税税率低，且有优惠政策，税负率约 0.05%，如：2011 年 220 亿美元销售收入，仅纳税 1000 万美元)

其销售收入再由爱尔兰“苹果国际销售”公司转给荷兰公司（欧盟间国家之间免所得税），最后再由荷兰公司转给第三家爱尔兰“苹果国际运营”公司。“苹果国际运营”公司持有大量苹果产品的相关专利和知识产权，许可爱尔兰“苹果国际销售”公司使用。

最终，第三家爱尔兰“苹果国际运营”公司又把钱转给其股东公司，即设立在“避税天堂”英属维尔京群岛的总部公司。由于“苹果国际运营”公司是外国公司（即使是在爱尔兰注册的公司，只要其母公司（控制权）或总部（管理权）设在外国，就被认定为外国公司)，它把收入汇到总部不需要向爱尔兰缴税，几乎是零成本。

据苹果公司的资料显示，这两家爱尔兰子公司的部分所有权属于英属维尔京群岛的“鲍德温控股无限公司”。该公司没有登记在册的办公地点和电话号码，登记在册的唯一一名管理人员，是居住和工作地点都位于美国加州库比提诺的苹果财务总裁奥本海默。

钱一旦进入“避税天堂”，就无法再被任何监管机构监控到，而美国法律允许美国公司的海外子公司可以留取通过非美国无形资产取得的收入，只有这家海外子公司把利润转回美国才需要缴税。

除了苹果公司，微软、谷歌等跨国公司也在使用全球避税的方法。

前一段时间，上海的一家公司被查出违法避税行为，最后补缴税金 4 亿多元。所以，企业老板应该仔细区分违法避税和合法纳税筹划的区别。

纳税筹划的本质

1.纳税筹划的本质

纳税筹划是完全合法的，纳税筹划的本质是“改变交易”。

税是交易产生的，有交易就有税，税不是财务人员算出来的，而是业务人员做出来的。很多老板总爱埋怨财务人员计算出来的税太高了，其实，换做任何一个人去计算，都是这些税。税的区别在于，企业所做业务的不同以及交易的地点不同。比如财务培训课程，在北京上课缴税是一个数字，在香港上课缴税可能是另一个数字。所以，不同地点、不同的交易方式，企业所缴的税都是不同的。

纳税筹划的本质是改变交易，而不是触犯税法。税法是全国统一的，虽然在某些地方可能会有一些特殊优惠，但税法本身是强制的、规定性的、稳定的。

2. 企业纳税筹划的前提

企业纳税筹划有以下几个前提：一是精通业务；二是精通税法；三是具有一定的创新思维。具备了以上三点，企业就可以做纳税筹划工作。

事实上，民营企业的许多财务人员连上述三个前提一条都不具备，既不熟悉业务，也没有精通税法，更没有创新思维。反而有些企业的董事长或总经理具备了其中的两条，即精通业务，具有创新思维。

3. 纳税筹划的目的

有人认为，纳税筹划就是为了降低税负，这种说法并不全面，纳税筹划的目的一共有以下三点：

第一，从整体上减少税负。比如企业用某种方法税务筹划，可能会导致A业务的税增加，同时B业务的税减少，但是在整体上企业的税负是降低的。

第二，降低资金成本。有些税可以在合理合法的情况下晚一些上交，延迟纳税，从而降低资金成本。

第三，降低税务风险。企业可以通过纳税筹划来降低税务风险。

综上可见，纳税筹划不单纯是为了将税负降低。

合理税务筹划的 4 大原则

1.事前性原则

事前性原则是指纳税筹划之前要把交易规划好，然后按照规划好的方式去做交易，而不是等把业务做完了，合同签完了才考虑纳税筹划。

【案例】

北京的一家公司要用土地盖一幢厂房，于是老板跑到河北廊坊买了一块地。买完土地以后很快就把楼盖好了，那么这块地和房产肯定是属于北京公司的。

这时，河北省政府提出，买地时政府给了一些优惠和补贴，条件是让这家北京的公司搬到河北廊坊。可是这家北京的公司如果搬到河北，按照税法的要求需要先在北京注销公司，然后再到河北重新成立，这样一来，税务局就要查这家公司近三年的账。

老板考虑了一下，觉得自己的公司是经不住税务局这样查账的，而且自己也不想把北京的公司注销。

后来，老板想出了一个方法，就是在河北廊坊重新成立一家公司。北京的公司买好地、建好厂房给廊坊的公司使用，并且这两家公司都是老板个人所有的。有人觉得，既然都是这个老板的公司，相当于左口袋的钱放进了右口袋，廊坊公司不用给北京公司交租金。这种想法是错误的。廊坊公司一定要给北京公司交租金，并且要按照“市场公允价”，这叫作关联交易。

经过计算，廊坊公司每年给北京公司交的租金会产生84万元的税金。于是这个老板有些想不通，我用自己的土地，为啥要缴这么多的税。为了避免缴纳这84万元的税，这位老板想了一个方法，就是让北京公司把这块地卖给廊坊公司，后来经过计算，如果交易这块土地，土地增值税要交2000多万元。开始这个老板觉得，长痛不如短痛，与其每年都交84万元，不如一次性买卖，可没想到短痛更痛，而且痛不可言。

这就是没有提前做好规划导致的结果。如果这位老板提前做好规划，事情就简单得多。比如，北京公司要花1亿元买土地建厂房，可以直接用这1亿元注册成立廊坊公司，再由廊坊公司用这笔钱购买土地。这样，土地和厂房就是廊坊公司名下的资产了，根本不会导致后来一系列复杂的问题。

所以，企业在做税务筹划的时候一定要提前规划，事前做属于合法纳税筹划，事后做就属于偷税了。

2. 合法合理性原则

这条原则是指企业要做的事情必须在道义上、逻辑上和法律上都能说得过去。

3. 全局性原则

企业做纳税筹划的时候要从全局考虑，有时候虽然税负降下来了，但是其他指标没有完成也是不行的。比如，企业通过纳税筹划导致某些指标没有完成，不能融资或上市，这是不可以的。

4. 成本效益原则

纳税筹划也要考虑成本。比如，企业花了100万元找人帮忙做税筹，最终税筹降低的税额才30万元就不太划算了，与其这样，还不如把这30万元交给国家，企业还能节省70万元。同时，纳税筹划一定不能影响业务的发展与开拓。

工具 纳税筹划的10大方法

我们在给企业做咨询的过程中，积累了大量的有关纳税筹划的案例。虽然有人说，这些经验都是老师们“吃饭的家伙”，不应该轻易对外分享，但是考虑到客户的价值，而且我们的课程内容也在不断升级更新，所以这里仍然要分享一部分我们常用的纳税筹划手法。法律在不断地更新、完善，但是逻辑原理和思维是可以延续使用的。

1.利用企业性质纳税筹划

企业的性质分很多种，有的叫作无限责任公司，有的叫作有限责任公司。无限责任公司分为合伙企业、个体工商户、个人独资企业；有限责任公司又分为一人有限公司、多人有限公司、股份有限公司、国有独资公司等，形式不同，纳税要求也不同。

无限责任公司不需要缴企业所得税，但是要承担无限连带责任；有限责任公司需要缴纳企业所得税，并且根据企业认缴的注册资本金来承担法律风险。了解清楚企业的性质，就可以利用它来税务筹划。

【案例】

广东有一位做美容美发产品的老板，她在听了我的课以后决定税务筹划。她把原来的一家公司变成三家公司，分别注册成一般纳税人、小规模纳税人和个体工商户，其中个体工商户由于不用缴纳企业所得税，利润最高。

国家对于个体工商户的政策是默认个体工商户没有建账，没有专职的财务人员，所以个体工商户在国家的财政税收上是一个重大的黑洞。那么，民营企业能被认定为个体就尽量申请认定为个体（核定征收），尽量不要被认定为一般纳税人或核账征收，因为被认定为个体并核定后就没有人来查账。相较于做两套账偷税来说，这种方法风险更低。所以，个体工商户是民营企业老板赚第一桶金的方法之一。

利用企业性质纳税不仅与有限责任和无限责任有关，还与企业是否建立分公司、子公司有关。建立分公司的好处是可以所得税汇总合并纳税。比如北京的一家公司，在海淀区有一家公司，在朝阳区也有一家公司，海淀公司盈利 500 万元，朝阳公司亏损 500 万元，因为这两家公司都是同一家公司的分公司，所以最后缴纳所得税的时候需要把利润合并到一起，也就是利润为 0，这样就省下了 125 万元的企业所得税。但如果是子公司的话，就需要独立纳税，比如海淀公司盈利 500 万元，需要独立承担 125 万元的企业所得税，而朝阳公司亏损 500 万元，不需要缴税。

除此之外，企业注册地点、是否选择高新技术企业等，也决定着企业能否利用企业性质做税筹。

2. 业务拆分

业务拆分是指把企业的一项业务拆分成两项业务，通过业务拆分把企业的税负降低。比如一家卖空调的企业，可以把传统的空调业务拆分成销售和安装两项业务。这样，销售需要缴纳 13% 的税，而安装只需要缴纳 3% 的税。（小规模企业，征收率 3%；一般纳税人增值税率 6%）

按照传统的方式，企业卖一台空调 5000 元，这 5000 元既包括空调的价钱，又包括上门的安装费。如果不拆分，企业要缴纳 5000 元的 13% 作为税款，也就是 650 元。如果把这 5000 元拆分成空调费 4500 元和上门安装费用 500 元，那么只有 4500 元的销售金额需要缴纳 13% 的税，另外安装的 500 元只要缴纳 3% 的税即可，一共才 600 元，这样就省下了 50 元。

3. 改变供应链

改变供应链包括重新塑造供应链、缩短供应链和延长供应链。

采用延长供应链的方法时，可以把企业的采购部门独立出去，专门成立一家供货的公司；采用缩短供应链的方法时，可以把外部的供应商直接收购过来，变成自己公司的一个部分。

【案例】

有一家做家具的企业，需要购买板材、木材等原材料，但是又拿不到发票，这样一来就没有进项，导致企业的税负很高。于是我建议这家企业的老板重新塑造供应链，让老板去找当地的农民合作，成立一个合作社。这样就可以从农民那里收购木料，加工成板材，然后再卖给自己的家具公司。这样，自己给自己塑造了一个供应商，通过这家供应商拿到发票，同时还可以拿到另外一种发票——农产品收购凭证。

4.改变经营方式

改变经营方式也是企业降低税负的一种常用方法。对于娱乐业来说，营业税改征增值税之前要按照 20% 的营业税缴税。东莞娱乐业发达是有原因的，因为东莞那里的税率只有 5%。如果一家 KTV 想要降低税负，可以想办法把税率 20% 的娱乐业变成税率只有 5% 的餐饮业。

比如，有客人来这里唱歌消费 600 元，正常情况下，这家 KTV 要缴纳 120 元的税，但如果这家 KTV 是以一家餐饮企业营业，只是装修得比较像 KTV，具备 KTV 功能，并且顾客来吃饭消费 500 元以上就可以让顾客以 100 元的价格唱歌两小时。这样，500 元的餐饮消费只需要缴纳 25 元的税金，100 元的娱乐消费需要缴纳 20 元的税金，一共才交税 45 元。

有些消费场所的发票上写着“某某音乐餐厅有限公司”，就是改变了经营方式。营改增后，餐饮与娱乐服务的增值税率均为 6%。

5. 改变交易方式和地点

在不同地点缴纳的税金也是不同的，很多企业都是通过这种方式税收筹划的。

6. 重组、合并与分立

利用企业的重组、合并或分立等资本交易来税收筹划，是目前比较复杂、税收筹划额度也比较多的一种手段。

【案例】

有一家企业要买400亩地，每亩地10万元，大约需要4000万元。其中只有100亩准备留作自用，其他300亩打算平均分成3块卖掉。这家企业的老板向我咨询怎么买地比较划算。如果1000万元买的土地，几年后出售时可能会达到5000万元，其中土地增值税是相当高的。

我给他提了一个建议，假如这家企业自己是A公司，那么另外成立B、C、D三家公司，每家公司注册资金1000万元，各自购买100亩土地。将来出售土地时，可能不是出售土地本身，而是出售B、C、D其中一家公司的股权了，或者用B、C、D公司与别人合资，若干年后再转让股权。在我的“财务体系”课程中，我也讲了很多类似的案例。

7.利用税收优惠政策

国家出台了很多税收政策，可是有些企业根本没有关注，更谈不上巧妙利用。没有哪一款政策是专门为哪一家企业而出台的，企业要想办法贴近政策，想办法使自己变得符合政策的条件，“有条件上，没有条件创造条件也要上”。

比如，国家有一项政策叫作“研发费加计扣除”，意思是如果企业花了100万元的研发费用，那么在计算所得税的时候可以按照175万元来计算列支成本，相当于减少75万元的应纳税所得额。如果企业投入了2000万元的研发费用，按照 3500 万元计算成本，就能省下 375 万元的金额。

所以说，如果企业能招聘到一个会税务筹划的财务人员，每年能够为企业创造非常高的价值。

8.转移利润

前面我们讲了，转移利润也叫转移定价，这同时也是一种税务筹划的方法。比如，上游公司通过定价把利润转移到下游低税率的公司。在老板的整个产业链条中，如果有某一家公司是享受税收优惠政策的，也可能会成为利润转移的对象。但是要避免被认定为关联交易。

9.利用外部专家

企业想凭借一己之力税务规划可能有些困难，因为很多财务人员不懂业务、对税法不够精通、思维僵化、难以有创新思维，所以企业可以寻找外部的专家帮忙税务规划。

一般来说，企业税务规划 100 万元，可能在专家身上只花费二三十万元，企业税务规划 1000 万元，在专家身上可能也就花费不到 100 万元，可以说是小投入、大回报。正因如此，我的团队每年给企业做的税务规划咨询案例都非常之多，这个财务咨询服务对企业来说不是花钱的，而是帮助企业赚钱的。

10.不战而屈人之兵

这句话是指企业不需要自己去改变什么，而是通过行业协会、行业商会、培训时的同学会，主动与政府互动，去跟税务局、政府要政策，让政府为某个行业专门出台一个税收优惠政策。比如，煤炭行业就通过这种方式获得了一些优惠政策。

以上是企业常见的 10 种纳税筹划方法，掌握以上方法并且在经营企业时灵活运用，一定能够降低企业税负。

11

|第十一章|

C A I W U D E L I L I A N G

资本利润思维

玩转资本，并购溢价

民营企业在成立公司时，或者从现在开始，完全按照资本并购的需求、审核标准或IPO上市核查事项经营企业。追求产品利润的积累，还是追求公司整体出售的估值，抑或是上市带来的股份高溢价套现，都是企业家财务模式的选择，更是财富以几何指数快速裂变的深度思考。

产品利润与现金利润

产生利润的途径有很多种，赚钱的方式也有很多种。有的人靠卖产品赚钱，有的人靠偷税赚钱，有的人靠资金赚钱。我们把这几种利润分别称为“产品利润”“税务利润”“现金利润”。

【案例】

有一位北京的“90后”年轻老板，开了几十家高端水果连锁超市。有一次在上我的财务课程时向我提问：“老师，我的公司账上有很多富余的资金，我拿去放高利贷怎么样？”

“这个，风险太大了吧！万一收不回来怎么办？”没办法，我做财务工作的职业习惯，风险意识比较强。

“老师，也不是多高的利息，就是一分五左右，而且主要是借给我的供应商。他们给我发货的公司有3个月的账期，所以我还欠他们钱呢。如果我欠他们100万元，我就最多借100万元给他们。”

现金利润是指，企业经营过程中通过账期和应付账款占用供应商的资金。然后，账上沉淀大量的资金，利用资金来赚钱。也就说，产品销售即使不赚钱，也换来了企业的现金利润。

当然，有一些企业的现金利润是负的。像刚才这个供应商就是如此。如果其采购业务是现款结算或提前付款的话，就是赤裸裸的现金利润为负。如果产品销售利润率为10%，现金利润为负12%，那么企业不仅不赚钱，反而赔钱。许多工程公司、医药经销商、部分与政府部门有业务往来的企业，都存在一定程度的垫资，如果企业的经营利润低于资金成本，最终核算下来，企业就是亏损的。反过来如果企业在经营过程中，通过改善上下游的强、弱地位，塑造产品的唯一性、稀缺性，不断增加产品价值，同时，控制采购付款账期、存货库存时间和应收账款的账期，创造现金利润，企业就是盈利的。

企业具体该怎么做呢？全员参与财务管理。比如，让所有销售人员懂营销财务管理，采购人员懂采购财务管理，研发人员懂研发财务管理，生产人员懂生产财务管理，人力资源擅长人力资源财务管理。当各部门的管理人员都用财务思维来经营企业时，实现产品利润与现金利润的双重目标就指日可待了。

经营产品与买卖企业

我在“老板利润管控”课上经常讲到，赚钱有两种方式：一种是卖产品，赚利润；另一种是卖企业（股份），赚溢价。大家更愿意用哪种方式赚钱呢？

卖产品，赚的是当下的钱。靠产品的生产销售来换取产品的差价和利润。卖企业（股份），赚的是未来的钱。通过塑造公司价值，提高公司估值，把未来若干年的利润，在当下一次性变现。

【案例】

合肥有一个我们的学员，从事网络技术开发业务。他完全是用我们的财务思维来经营公司。

2019 年 9 月，经过我们的财务咨询与辅导，成功将公司以 3.6 亿元估值的价格，出售给一家外资企业。该公司成立于 10 个月前，在注册成立公司时，注册资金才 500 万元，却舍得花160多万元聘请我们担任其财务辅导顾问。

该公司在工商注册时，完全按照财务咨询老师的方案和建议进行注册。股权架构、财务顶层设计、治理结构、合规的业务范围、收入确认规则、成本费用的账务核算、报表的数据、业务流程与内控体系、ERP系统的使用等，全部按照并购的要求做整体设计。

所以，虽然公司还没有盈利，但是估值并购价格已经达到创始人预期。最终用不到一年的时间，成功转让股权，套现3.6亿元，缴纳个人所得税后，还获利3亿多元（我们帮助他做了个人所得税的税务筹划，不然要缴7000多万元的个人所得税）。

用上市或并购的标准做企业，用未来倒推现在，恐怕是当前民营企业家的一种重要的战略选择。

民营企业在成立公司时，或者从现在开始，完全按照资本并购的需求、审核标准或IPO上市核查事项经营企业。追求产品利润的积累，还是追求公司整体出售的估值，抑或是上市带来的股份高溢价套现，都是企业家财务模式的选择，更是财富以几何指数快速裂变的深度思考。

上市、并购与资产重组

最近几年，资本市场的寒冬与火热交替出现。新三板风头刚过，科创板又引领风骚，无数企业奔走呼喊：机会来了！

许多企业家、咨询公司都在不同程度地与资本、基金、上市发生关系，“言必称资本、上市、并购”，似乎不走资本路线，不整点原始股，都不好意思混。不断有人建议我们也做FA财务顾问业务和投融资业务。好像我们这个离资本最近，天天折腾财务的专业人士反而不如他们激进。

我很低调地回答：“当大家都去西部淘金的时候，我们就只卖卖铁锹、牛仔裤、盒饭吧。”资本市场的火热，使人们对财务规范化的需求越来越大。事实上，资本市场帮我们开拓了业务，使我们财务培训与咨询服务的销售额大量增长，成就了我们这种专注做财务基础工作的咨询公司。

不论企业上市也好，并购也罢，都离不开财务规范和财务体系的梳理。虽然做财务咨询辅导工作，远不如“玩资本”赚的钱多，但是我们踏踏实实，一步一个脚印，把公司做成了一个年营业额为 3 亿多元的财务咨询公司。

账簿混乱、数据错误，要梳理“核算系统”；流程混乱，要建立“内控体系”；成本算不清，要做“精细化核算”；

职责不明晰，要做“责任中心设计与考核”；偷税做两大账，我们要辅导“两账合一”和“税务筹划系统”；财务与业务脱节，“ERP系统”需要重新架构实施；股权未做战略规划，需要站在财税角度，重新梳理“股权架构图”……

企业的上市，不仅是进入股票交易市场，发行股票融资，创造富翁，更是财务规范的“上市”、老板财务管控能力的“上市”、管理层财务思维的“上市”，甚至是整个企业经营管理行为和习惯的“上市”。

用财务的逻辑和规则运作企业，用财务报表考核企业的成绩，这才是真正上市带给企业的改变。

财务包装与资本溢价

不论是上市还是并购，一定要先做财务包装。就像相亲一样，在见面前，总要先洗把脸，换上干净、整洁的衣服，总不能衣衫褴褛、脏兮兮地见面。然而，目前绝大多数被收购的民营企业，虽然业务不错，但是财务混乱、偷税、数据报表不实……这些问题全部暴露在收购方的眼皮底下。

做一定程度的财务包装，提前“打扫打扫”，财务规范一点，企业的估值也会有相应的提升。议价能力、整体估值都将有所改变。

什么是评估？评，就是用嘴说。估，就是大概。评估，就是用嘴说大概。一个公司到底值多少钱，跟谁来说，说多少，说得有没有道理，能不能得到别人的认可，都和财务有非常大的关联。所以，建议民营企业在被并购前，一定要先做财务包装和梳理。

【案例】

2017 年 11 月 17 日，我们公司财税培训课程的一位客户邀请我去他的企业做并购咨询辅导。这家公司（S公司）的主要业务为医药连锁店和中医馆。

我带着 4 位财务咨询老师乘飞机到浙江省该企业所在地。

S公司的老板说："张老师，现在有 3 家上市公司想要收购公司，我也想把公司的 51%~70% 的股份卖掉……"

当时，S公司年销售收入 2 亿元，净利润 1000 万元。按照上市公司提出的 15 倍市盈率，则公司估值 1.5 亿元（公司估值 = 年利润 × 市盈率倍数）。

老板又说："张老师，我的公司怎么也值 7.5 亿元，你们不是财务专家嘛，你们帮我把公司卖掉。如果能卖到 7.5 亿元，我就给你们 5000 万元的财务咨询费……"

我一听，有点惊讶。如果按这个咨询费的价格，这可是我们金财成立以来最大的一笔财务咨询案了。出于严谨的习惯，我问道:“如果卖不到7.5亿元呢？”

“如果低于6亿元，我就不想卖了，毕竟企业一年有2亿多元的销售额，而且现金流非常正常。”

“如果整体估值在6亿元到7.5亿元之间呢？”这种可能性还是挺大的。“那超过6亿元的部分，给你们20%的咨询费……”老板很果断地说。

这个价格完全不需要我们再多做言辞。吃完午饭，和几位咨询老师商量后就和老板把合同签了。整个签约过程不到20分钟，基本上是老板口述，咨询老师用电脑在现有合同上进行修改。

下午2点半开始，我们几个老师做了分工，由我来负责和财务经理聊天访谈。一直聊到了下午6点半，我已经有了基本的思路，心里也有底了。

在会议室的白板上，我一边讲解一边板书:

公司年利润: 1000万元（现有报表上显示的利润数额）

+1500万元（老板个人费用。老板是一个超级大方的人，个人零花钱每个月100多万元，如果个人承担，则不能报销，单独调出来，公司利润将增加1500万元）

+500万元（买古董的利息费用。老板喜欢收藏古董，买了也放在私人别墅里，没钱购买就借钱购买。借钱买古董的借款利息应该由个人承担）

+300万元（别墅装修。老板要公私分开，个人费用不

能混在公司成本中）

+700 万元（剥离亏损公司。老板共有 9 家公司，其中 5 家盈利,4 家亏损。4 家亏损的公司一共亏损了 700 多万元。如果亏损公司不打包到整体出售资产包中，则利润回来了 700 万元）

+500 万元（老中医工资改成税后发。一个中医药膏处方动辄几千元,老中医专家一年工资和提成很容易达 100 万元以上。找几个关系不错、信任度足够的中医，工资改成税后分红，则成本减少几百万元，利润增加）

=4500 万元（初步匡算的调整后利润总额。仅仅做了一些成本和费用的调整，还没有用上其他财务手段和方法，利润就有 4500 万元）

－500 万元（补税。企业存在一些应交税而未交税的情况，这部分税额要及时足额补上，合法是上市公司并购的前提）

=4000 万元(补税后的利润。这个还是粗算。具体数额需要根据业务和发票、财务数据进一步详细测算。暂时按 4000 万元利润作为基数进行分析探讨)

经过调查，医药板块上市公司的市盈率基本上在 55 到 68 倍之间。那么，我们的最终估值有三个版本：

乐观：估值 =4000 万元 ×30 倍 =12（亿元）

悲观：估值 =4000 万元 ×20 倍 =8（亿元）

正常：估值 =4000 万元 ×22 倍 =8.8（亿元）

在我们咨询项目组内部，这个运算结果让大家找到了一定的信心，不再觉得老板的7.5亿元估值是个不可实现的目标。

从11月开始，我们组建了一个6人项目组，在企业把所有的凭证、发票撕下来，按照会计准则和上市公司的要求，重新做账……直到第二年的6月，历时半年多，终于把企业的财务完全规范化，建立了一套健康完善的财务体系。完全可以经受住上市公司的尽职调查。

第三年9月25日。该公司被上市公司以7.9亿元的整体估值，收购了其65%的股份。我被邀请参加签约仪式。

目前，被并购的98%的民营企业连个法律顾问都没有，更谈不上聘请财务咨询顾问了。（目前，我们经常是在做财务顾问时把法律工作一并解决掉）我们的财务咨询服务逐渐形成了四大业务板块，即财税培训业务、财税体系构建、税务筹划金额提成、并购溢价提成。而且后两者，往往金额比前面两者大得多。

工具 做大利润的 9 大方法

1.调报表——公私分开和两账合一

把利润做大，第一步是要做到公私分开。个人的费用不要在公司报销。应该在公司列支的成本中，也不能随意在内账上体现，最终形成账外资产。要做上市或并购，两账合一是企业的必经之路。

2.避税收——税务规划的三重境界

当企业做到一定规模后，不可能继续逃税，法律和国家也不允许企业这样做。然而成本和竞争的压力又很现实，企业只能用税务规划的方法。尽管需要一定的技术门槛，但是只要老板肯学习和研究，一定能收获许多税务规划方案。

3.增营收——增加收入的三大法则

收入=数量×单价×客户购买次数。客户数量越多，客单价越大，购买次数越多，企业的销售收入就越大。由此，形成收入增长的三大法则，即大众法则、大额法则、黏性法则。大众法则，就是要把产品卖给越来越多的客户。大额法则，就是要不断增加产品的附加值，提高客单价。黏性法则，就是要想办法让客户续费、持续消费收现。

4.控成本——降低成本的五大途径

影响企业利润的五大指标分别是：销量、价格、直接成本、变动费用、固定费用。前两者影响收入摊薄成本，后三者直接影响企业的成本和利润。销量是利润的动能，价格是利润的启爆，直接成本是利润的支撑，变动费用是利润的推力，固定费用是利润的平台。做好成本管控，就能快速实现利润最大化。

5.练内功——建立流程和财务体系

内控不完善、漏洞一大堆，贪污舞弊腐败严重，导致企业的利润白白流失。许多企业销售很好、业务很好，就是不赚钱。高管和经理们，工资不高却永不离职。千里堤溃，始于蚁穴。建立一套完善的内控体系，控制利润和风险，才能把企业做强、做久。

6.动结构——改善产品的利润结构

我们都知道“二八原理”，即20%的产品贡献了80%的利润。有的产品赚钱，有的产品亏钱。企业经营几种产品，哪一种是赚钱的，就应该加大营销资源投入；哪一种是亏损的，就应该减少销售，甚至停产下市。数百个客户中，哪些客户是赚钱的，就应该重点维护关系和开拓增值服务。建立管理会计体系，可以立刻改善产品的利润。

7.提效率——快速赚钱与高速周转

经营企业，说到底是在玩效率。资金的周转速度、资产的周转速度……玩周转速度，关键是应收款管理、存货管理、固定资产管理。销售回款要快、生产及运输要快，设备的采购和使用管理要适当。周转 1 次，企业的资金就赚 1 次钱，周转 100 次，就赚 100 次钱。周转越快，赚钱越多。

8.换模式——升级和更换盈利模式

卖打印机还是墨盒？卖饮水机还是纯净水？卖净水器还是净水器的过滤棒？卖治愈药还是长效药？赚产品的利润还是现金的利润？靠服务赚钱还是靠会员费赚钱？在盈利模式上，创新的模式加上优秀的财务管控，将构成企业强大的核心竞争力。

9.购企业——收购高额利润的企业

企业做大有两种方式，内生成长和外向并购。内生成长往往太慢，外向并购通过直接收购现成的业务或公司，企业往往发展较快。通过并购，企业快速完成布局和利润的融合，并形成自己的护城河和规模行业壁垒，强大自己，快速做大。并购不一定只有上市公司才可以做，民营企业在具备一定规模时，也可以做并购，或者被并购。

企业有三种结局：被收购、收购别人、倒闭。最好的结局是收购别人，但是这对企业老板的要求也最高，要有领先于他人的财务管控能力与企业文化，否则只能被别人收购或倒闭。

12

|第十二章|

C A I W U D E L I L I A N G

财务升级路线图

财务升级与变革

有些企业会记流水账，流水账的坏处是很难查清企业的资产。万一企业损失了一点钱，通过流水账是很难查清的，因为流水账不具备账与账之间的相互校验性，做流水账的企业很难做大。企业财务做不好，很多时候是因为业务部门不配合，业务部门的流程不清晰、财务人员的力量太薄弱，导致企业财务做不好。

要成为真正的老板，花一定的费用来帮助企业提升管理是非常有必要的。管理提升了，自己才会有更多的思考时间，老板应该具备这样的格局。

民营企业财务管理的阶段

一个企业在发展壮大的过程中，财务工作也一定在逐步规范化，但仍会存在不少问题。那么，财务管理如何升级，就变成了众多老板开始考虑的问题。

民营企业的财务管理可以分成以下几个阶段。

1. 流水账阶段

一个企业刚刚成立不久，规模很小，年营业额在1000万元以下，这个时候一般是老板或老板娘自己记账，或者是老板的亲戚记账。没有人懂得现代会计的记账方式，就随便做一个现金的流水账，比如一天收了多少钱、花了多少钱、还剩下多少钱等。

流水账的坏处是很难查清企业的资产，万一企业损失了一点钱，通过流水账是很难查清的。因为流水账不具备账与账之间的相互校验性，做流水账的企业一般很难做大。

2.糊涂账阶段

当老板发现流水账满足不了企业的要求时，就开始招聘专职的财务人员来组建财务部并做“财务账”，但这个时候做的基本都是“糊涂账”。此时，企业的规模也不是很大，招聘来的财务人员的能力水平和工资都不是很高。要么是刚从学校毕业的，要么是中途改行做会计的，要么是一直在小公司没有在大公司工作过的。这些人做出来的往往是糊涂账，输出的报表也是不正确的。

此时的老板也是迷迷糊糊的状态，管理企业时只靠自己的直觉，不能用财务报表上的数字来支撑自己的决策。

3.财务变革阶段

当老板自己也忍受不了糊涂账的时候，就开始想要做财务的升级和变革了。于是，他们会主动学习一些财务知识，或者是去听课（如我主讲的《老板利润管控》课程），或者是请财务老师给企业做诊断。

财务变革与老板自身的格局和战略规划紧密相关。有的老板已经意识到财务存在很多问题，但是变革以后交的税比以前多了，老板就忍受不了了。

【案例】

我有一个在东莞的客户，一年的营业额大概是1亿元，正常情况下，他每年应该缴纳230多万元的税，但他实际每年只缴了15万元左右。后来，我下属的财务咨询团队帮这个老板做了一系列精心的调整，使用了各种税务筹划的办法，把企业的税负调整到110多万元，可是这个老板一想，原来只交十几万元，现在要交100多万元，一下子感觉接受不了这个落差，想保持企业原来的样子。经过大量的思想沟通后，这位老板才最终认可了用合法税务筹划的方法来控制风险。

有些老板在财务变革阶段没有下定决心，没有做出财务发展的准确定位，老板的财富格局和对财富的观念没有真正提升，始终处于走一步退两步或者走两步退一步的状态，就这样徘徊了很多年。浪费了大量的时间，耽误了企业的发展。

4.持续规范阶段

当企业能够突破第三阶段，开始和拟上市公司做同样的事情，使财务逐步合法化与规范化时，这说明企业的很多方面都已经做得不错了，财务系统也在不断地提升和完善。这时的问题是，财务工作还没有和企业价值提升真正结合起来。

5.管理会计阶段

管理会计阶段也叫价值提升阶段。当企业进入这个阶段时，说明企业已经与华为、海尔等公司不相上下了，真正建立起了“大财务”的体系。财务人员更多的是关心企业的价值创造，关注“现金流、风险和利润”，此时，该企业的财务体系已经比较接近跨国公司的财务管理水平了。

目前，很多上市公司还停留在持续规范的阶段；而大多数民营企业则停留在流水账、糊涂账阶段，好一点的会处在财务变革阶段或持续规范阶段。我们要真正做好企业的财务管理，就要不断地升级，向价值提升阶段进发、挑战和看齐。

财务管理升级的 4 个要素

1.要有一个真正懂财务的董事长

企业老板本身对财务不了解，企业的财务管理工作就很难推进。“一个优秀的企业家，一定是半个财务专家”。老板自己懂财务才能在公司形成一个良好的财务文化和环境，才会带动高管利用财务的思维、工具和方法训练中高层干部，让中高层干部也变成懂财务的高管，这个时候就能够给企业形成一个良好的生态环境。

企业财务做不好，很多时候是因为业务部门不配合，业务部门的流程不清晰、财务人员的力量太薄弱。

有些企业想请我做财务总监，帮助企业梳理财务工作，当我走近企业，看到企业的环境后，觉得仅仅当财务总监很难改变企业的现状，要想彻底解决企业存在的很多问题，至少要做到副总裁才可以。因为副总裁不仅可以管理财务，还可以管理人力等其他部门，只有在有权利改变其他业务部门的环境下才能提高财务管理水平，而这个环境的主导是董事长。

2.要有一个优秀的财务总监

每一位老板都想聘请一个优秀的财务总监，但是聘请一个优秀的财务总监成本太高。而且，真正优秀的人也许不愿意去民营企业，尤其是在北、上、广、深之外的城市，要找到一个优秀的财务总监并不是一件简单的事情。的确，优秀的人不是想招就能招到的，有些人忠诚、敬业、踏实、肯干，但不一定有高水平的财务能力；有些人能力突出，却未必忠诚。

其实，老板可以把企业中有潜力、忠诚度高、值得信任、稳定可靠的财务人员送去培训，把他培养成合格的财务总监；也可以从外部聘请一个兼职的优秀财务总监，把自己的财务团队打造成优秀的团队，从而培养属于自己的优秀的财务总监。兼职的财务总监不用每天都去上班，一个月去一两天就够了，费用也不会太高。

3.要有一套健康的财务系统

如果企业的财务系统非常健全，那就可以降低对财务人员的要求。“管理=人+系统”，系统越差，对人的要求越高；系统越健全，对人的要求越低。在进行财务管理升级的过程中，一方面要解决人的问题，另一方面要解决体系升级的问题。

财务系统包括五大子系统：财务战略与支撑系统、账系统、钱系统、税系统、财务管控系统。一旦企业真正建立起这五大系统后，企业的财务必定会健康运转，支持企业的价值提升。

4.强大的财务人才团队

很多老板在经营企业若干年以后，发现身后没有强大的财务人才团队可以支撑自己继续往前走，顿时惊出一身冷汗。当企业经营到一定程度的时候，老板身后必须有一批人才，这样，老板在向前冲、带领企业扩张的时候才会有力量。

力量的来源之一就是财务人员团队。比如，当企业要收购一家公司，或者要成立另外一家子公司的时候，必须要派出合格的财务经理，人才能够供应得上，才能顺利实现收购的战略目标。

而优秀的人才需要在日常工作中培养和打造。培养财务人才团队不像培训老板懂财务那么简单，让老板学懂财务只需要几天时间，但是要让财务团队成为一个“来之能战、战之能胜”的财务军团，绝不是短时间内就能搞定的事情，需要老板花时间去打造，同时老板投入之后一定会有收获。

企业财务升级的方法

1.外部聘请财务老师

企业可以从外部聘请一个财务老师或者财务专家来企业当兼职的财务总监，或者叫财务副总裁、财务董事等。我已经在好几家公司担任财务董事或外部董事。尽管不占股份，但是企业在做重大决策时，比如重大投资、融资，关键人员的聘请、辞退时，我都会参加。有这样一个财务董事给企业的财务管理把关，对降低企业财务风险、推动财务管理升级都有重要帮助。这种兼职的财务董事一般不会专职，因为这样对企业来说成本太高，他们每个月去公司一两天就够了。

2.外部聘请财务专家团队

聘请财务专家团队来企业帮忙做咨询也是一种不错的方法。在美国这种发达国家的企业，每年都会拿出3%~5%的营业收入来进行企业管理的提升。既会派人出去学习，也会请人回来讲课，或者是请咨询公司直接来企业做咨询。在美国，企业咨询是非常普遍的，企业花一定的营业收入用来做咨询，可以帮助企业走得更加长远，老板才能更加轻松。我们每年也接受数百家企业的邀请，进入企业，系统化地帮助企业梳理其财务系统，如账、钱、税系统等。

真正的老板就应该钓鱼、健身、旅游。而实际上，民营企业的老板非常忙，工作时间比谁都长，连锻炼身体的时间都没有，经常处于亚健康状态。

所以，要成为真正的老板，花一定的费用帮助企业提升管理是非常有必要的，管理提升，自己才有更多的思考时间。老板应该具备这样的格局。

有一次，我问一位老板，是100%的精力赚1000万元，还是10%的精力赚700万元？100%精力的投入，就是每天辛辛苦苦去公司盯着，然后一年才赚1000万元。10%的精力就是自己不干活，把 300 万元利润拿出来，建立系统、分给高管，让高管 100% 的精力投入，自己每月只需要去公司看看财务报表，然后一年赚 700 万元。

这位老板有些犹豫，不知道该怎么选。实际上，真正想明白的老板是宁愿赚 700 万元的，因为如果只是每月去公司看看报表的话，可以做 10 家公司，每家赚 700 万元，10 家公司就是 7000 万元，而辛辛苦苦投入在一家公司 100% 的精力，只能赚一份钱。

当企业投入一定的费用去提升管理成熟度的时候，最终往往会收获更多。这种投入不是消费，而是投资，并且投资回报率很高。

另外，很多老板不知道如何去做咨询，我觉得，咨询要做好，取决于以下几个条件。

第一，老板的重视程度。咨询，尤其是财务咨询是一把手工程。如果老板本人不支持这件事，就很容易失败，如果老板亲自参与这件事，就比较容易成功。

第二，外聘老师的专业化程度。财务咨询专家应该具备以下几个条件：第一，要做过财务的一线工作，做过财务总监。第二，要在规范的大公司工作过。第三，要管理过财务以外的部门。如果一个人始终在财务岗位，从来没有管理过其他部门，那么他的视野和格局有限，看待问题的角度也有限，在做咨询时就容易出现纰漏。

3.分步骤构建财务系统

企业财务升级要分步骤、分阶段逐步完善，不要追求一次性达到某个非常大的目标。管理的提升是没有止境的，解决了一个问题，还会产生新的问题；解决了主要矛盾，原来的次要矛盾又会变成主要矛盾，所以不要试图一口吃个胖子。

财务管理咨询一般分为以下几个步骤：第一，摸底调研；第二，深入调研；第三，方案设计；第四，把方案导入企业并且落地。方案导入后，咨询公司还要再跟踪服务一段时间。这样，企业的财务管理才会有较大提升。

财务系统导入步骤

财务系统的导入可以分为以下 8 个步骤。

1.公司上下达成共识

从老板到高管，再到财务部门的全体员工，都要达成一个共识。所以，第一步的工作就是进行思维和思想的统一，这一点通过培训工作可以达到。

2.掌握财务管理升级的相关技术和原理

把财务管理升级要做哪些工作、这些工作该如何做，以及这些工作需要用什么样的技术都弄明白。

3.梳理企业财务管理的改善升级规划

这一步要写出企业升级规划的路线图，这一年要做什么工作，每项工作由谁负责等，都要形成规划。

4.确定具体事项的落地执行方案

比如企业要把培训报表梳理出来，那么这项工作谁来做、什么时候做、谁监督、最终做成什么样的效果、没做如何处罚、做好如何奖励等，都要有一个具体的落地执行方案。

5.设计相应制度

根据执行方案设计相应的制度、流程和工具。

6.执行

按照先易后难、先急后缓的顺序开始执行方案。

7.评估与调整

在执行方案的过程中评估执行过程与效果，进行微调。

8.升级完善

根据现有的管理体系、财务体系的执行情况及外部情况的变化进行跟踪、调整、升级和完善。

如果把这 8 个步骤经历一遍，那么企业财务管理的导入就会比较顺利。

对财务管理进行总结

第一，企业要形成整体的财务文化。这个财务文化不是财务部门的文化，而是从董事长到高管，再到部门经理等都要认同的文化，形成财务管理的外部环境。如果没有财务文化，只靠财务人员会事倍功半。

第二，培养财务团队。培养财务团队，让财务人员都具备一定的财务技术、个人素养及职业经理的能力，当财务团队的成员都具备了以上 3 项能力的时候，企业的财务团队就变成了一支强大的、优秀的团队。

第三，聘请咨询团队。当企业自身的财务团队不够强大时，聘请一个财务咨询团队协助企业的话，那么企业的财务管理会得到非常大的提升。

作为一个有着将近 20 年财务领域工作经验的财务从业者，我最近几年一直在不遗余力地思考如何帮助民营企业提升财务管理，建立民营企业的财商文化和大财务管理体系，并且始终在这方面进行探索和实践。如果这件事情做好了，对整个国家的经济和民营企业的生存状态都将产生重大的影响。

我希望能够实现一个梦想：建立一个“TOP 3000 CFO”联盟，并且分布到全国 34 个省级行政区中，让这些优秀的CFO去帮助民营企业进行财务管理的提升。我知道，这条路任重而道远。要想改变民营企业的财务管理，要从民营企业的老板入手。民营企业的老板也要牢牢记住，自己才是真正的财务总监。

附 录 财务的力量1：老板财务管控必修课

CAIWUDELILIANG

精彩语录

1. 利润相当于面包，而现金相当于空气。没有面包还可以活几天，可是没有空气最多就活几分钟，这就是现金与利润的关系。

2. 存货就是“打了捆的钞票”，只是放在了仓库里而已。

3. 财务总监的价值之一就是成为公司管理成熟度提升的催化剂，让一切管理行为因财务数据而产生一系列神奇的化学反应。

4. 营销总监对收入负责，财务总监对利润负责！

5. 决策失误是公司最大的成本！

6. 财务管理是企业管理的核心，财务乱，企业必乱！

7. 总裁做决策时，如果让财务总监靠边站，那只说明要么总裁是笨蛋，要么财务总监是笨蛋！

8. 在企业决策中，财务总监应该有一票否决权，这是财务总监价值的最好体现。

9.民营企业财务管理的级别，可以分为流水账级、糊涂账级、财务变革级、持续规范级、价值提升级。

10.站在公司与管理角度，借助财务手段，打通目标、政策、单据、流程、科目、管理报表这“六脉神剑”。

11.让财务告别“小黑屋”，从此走出财务部办公室，服务业务、服务决策，成为老板真正的左膀右臂。

12.学会用现金流、预算和成本工具，来控制资源、降低成本、提升利润。

13.“不识庐山真面目，只缘身在此山中”，我们要跳出问题看问题。账务核算问题往往不是会计分录对与错的问题，而更多是财务人员对业务的渗透、对业务的管控深度与广度的认识问题。

14.在财务工作中，本来短短几分钟就可以处理的事情，结果许多财务人员要花费几小时或数天的时间来处理！我们美好的青春年华就在这些简单、重复、笨拙的工作中逐渐流失。

15.会计是做账的人，财务总监是创造价值的人，会做账的会计很多，而擅长创造价值的财务总监却太少！

16.民营企业财务人员能力水平处于这样一个情况：热爱学习，但缺乏实战培训；愿意进步，但缺大公司历练；考试较多，但理论知识偏多；经常加班，但工作效率较低；不善沟通，对内对外交流不畅；僵化死板，缺乏创新性思维；宅在公司，不关注公司业务。

17.财务铁军的定位：财务铁军是老板的心腹和最亲

近的人；财务铁军是老板的第一保镖；财务铁军是老板及公司财富安全的守护神；财务铁军是老板真正的左膀右臂；财务铁军是老板和管理层的财务顾问；财务铁军是老板的情报人员。

18. 财务人员应具备的能力框架：专业技术能力（会计核算与财务分析能力、税务管理与避税筹划能力、成本管理与预算控制能力、资金计划与融资投资能力）；个人职业素养（呈现能力、逻辑能力、工具应用能力）；职业经理能力（沟通、交流能力和团队打造能力）。

19. 业务单据是信息采集器。一张单据穿透管理，单据乱，财务乱，企业必乱！

20. 我们要擅长设计和驾驭管理报表，它是老板决策的情报系统。

21. 给老板的“驾驶舱”，建议不超过6幅画面。建立管理“驾驶舱”，从容驾驭企业，为管理者提供直观的、仪表盘式的关键财务数据。

22. 管理需求，决定科目体系；科目体系，决定单据设计；单据设计，决定管理账本；管理账本，决定管理报表；管理报表，决定决策结论。

23. 企业文化是保证所有人都愿意做；流程是保证所有人都会做；制度是让所有人都必须做。

24. “没有规矩，不成方圆”，制度是公司的“法律”。制度是从“人治”到“法治”的结果，也是企业做大、可复制发展的必经之路。财务制度的根本作用是控制资金、管理资产、控制成本费用。

25. 做财务分析不能只在财务办公室待着，50% 以上的工作应该在财务办公室之外完成。而且，不能只做事后分析，优秀的财务分析 70% 是在事前和事中进行的。

26. 财务分析的目的是执行，因此财务分析一定要拿出结果和结论，没有结果和结论的分析是半成品，或是一堆废品。

27. 财务人员数量与素质必须与企业的发展要求相匹配。有位老板经常抱怨自己的财务人员拿不出像样的数据和报告。后经了解发现，公司规模不小了，财务人员却只有一名会计和一名出纳，其财务人员配置是典型的“小马拉大车”。

28. 华为花了近 10 亿元建立管理流程，其核心就是建立强大的后台支撑体系。民营企业老板建立好财务支撑体系，无论你身在何方，这些工具、系统完全在公司管理中执行，你的公司将具备强大的业务支撑后台。

我能为你做点什么

老板的5个高频问题

1. 企业想做股权激励，年终给高管分钱、分利润，用内账报表还是外账报表？如果用内账，高管立即获得举报老板的把柄。如果用外账，数据不全是真的。

要想股权激励，先要财税规范。

2. 老板想学稻盛和夫的经营理念，想要阿米巴经营、量化分权、独立核算……但是财务是混乱的，账也是糊涂的，如何阿米巴经营？

要想阿米巴经营，先要财税规范。

3. 老板想做绩效考核，启动绩效管理。考核指标来自财务数据，但财务数据是一笔糊涂账，该如何做考核？

以销售人员考核指标为例：销售额、毛利率、回款率、费用率、新产品销售占比、客户满意度。

要想绩效考核，先要财税体系规范。

4. 公司想上市或被并购，走向资本市场的最大障碍是什么？账务混乱与偷税问题。

要想上市或并购，先要规范财税体系。

5. 老板想传承，少帅要接班，是传承一个风险公司，还是传承一个财税体系规范的公司？

少帅的想法：工作时间“955”、双休、公私分明。一边钓鱼，一边打高尔夫，还要把公司做得比之前大两倍。

要想科学管理，系统授权，先要规范财税体系。

民企老板关心什么

老板不懂财务或者只重视业务而忽视财务，导致企业在财务领域出现损失，比如运营低效、利润率降低、投资回报率减少、风险增加、资金紧张、投融资困难……这些问题都是企业经常遇到的并令老板感到苦恼的。

财务管理的三大主题：增加利润、降低风险、增加现金流，这些都是老板关心的。但是问题如何解决呢？老板在经营管理过程中应该有一套怎样的思维体系？从哪找一套解决问题的系统工具？谁能帮老板做财务流程和体系的构建与执行?

总的来说，要实现上述三大目标，老板需要三个“一”：一套完善的财务系统、一名优秀的财务总监、一支胜任的财务军团。

我们要做什么

专注于财务管理实践，致力于财务技术的应用与开发，因为“爱财务、爱生活”的理念，我们一群从事财务工作的热心人士，在2005年创办了“中国财务技术网”。

财务技术网创立的前三年时间内，一直在做沙龙活动、高端财务课程研发等工作。数百场沙龙与课程研发的讨论，几十位财务高手的共同参与，研发了60多个财务课程专题。

2012年，我们重新成立了“金财咨询”，并在原来的基础上，总结形成了后来带来数亿元销售收入的“企业财务系统”。

2009年至2019年间，累计培训了10多万位老板、高管和财务人员。在这些培训过程中，也进一步升级了民企财务管理的课程体系。财务体系构建是民企成长中的必经之路。构建基于企业经营、管理需求的“大财务”，而不是建立应付税务局的“小财务”或“糊涂账”。

在帮助企业建立财务系统的过程中，我们发现企业老板普遍缺乏财务基础。老板懂财务是企业建立财务系统的基石，老板喜欢财务、有财务思维、擅长运用财务工具、知道向财务人员提要求、习惯数据化决策，是决定企业财务系统构建顺利的关键因素。

财务人员的胜任能力，决定企业的财务系统能否得到强有力的落地和执行。财务人员的专业技术、综合素养、职业经理的能力都至关重要，为企业打造一支“来之能战、战之能胜”的财务铁军，是5000多位历练过“财务军团”训练营的财务人员所共同奋斗的目标。

“苗好，土壤也要好！”企业的高管环境决定财务与业务的一体化程度，高管有财商，能用财务的思维去思考业务，打通财务与业务的壁垒，用财务数据指导业务运营的方向，财务系统方能得以真正落地和通畅运行。

基于以上逻辑，我们设计了一个企业财务升级金字塔模型。如下图所示。

我们能做什么

近20年来，我一直从事财务工作，包括财务分析、ERP信息化咨询、审计、IPO上市、财务治理等。这一路走来，特别是创办财务技术网、金财咨询以后，我始终坚持

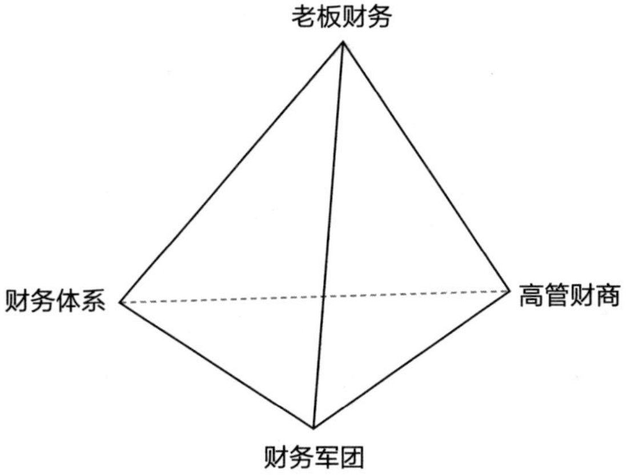

企业财务升级金字塔模型

团队制胜的运作方式，建立了我们的课程体系、咨询体系和人才体系。

1. 财务升级之课程体系

一个懂财务的老板。“老板利润管控”课程主要起到财务的启蒙与普及作用，是一堂通俗易懂的老板财务学习项目。涉及内容包括：股权、税务筹划、利润提升、财务规范等。客户收获有：轻松看懂报表、实现利润增长、打通财务与业务壁垒等。

一套完善的财务体系。“财务体系”，一个专门帮助企业建立完善财务管理体系的咨询式课程。“老板+财务人员+

财税咨询师＋电脑＋方案工具”，全面为企业梳理、建立财务五大系统和方案：财务战略与支撑系统、账系统、税系统、钱系统、财务管控系统。

一支强大的财务军团。“财务军团”是专门帮助老板训练其财务部门全体人员胜任能力的课程，结合了数百家企业的财务咨询经验，总结了300多条财务人员应该会却不会的技术绝招，提升财务技术、效率、忠诚度，重塑财务角色与使命，使其成为一名优秀的财务人员或一支强大的财务团队。

一个有大财商的高管团队。“总裁财税思维”是专门训练各部门经理、高管财商的课程。从财务运营的角度，提升利润率、加快周转率、管控财务风险。课程内容包括营销财务、采购财务、生产财务、研发财务、人力财务、运营财务、总经理财务等。业务人员懂财务，企业财务流程、数据化体系将产生巨大效能裂变。

2.财务升级之咨询体系

财务系统建设咨询，包括股权架构设计咨询、账钱税系统咨询、预算系统咨询、内控系统咨询、ERP信息化咨询、税收筹划咨询、并购重组与IPO上市辅导咨询等。

财务强则企业强，企业强则中国强。“金财”是我们的道场，财务是我们的手段，课程与咨询是我们“敬天爱人”

和“普度众生”的媒介，我们已经做好了准备——用财务为客户创造价值。不敢言大，但求专精，将毕生精力投入企业大财务管理升级之中，这是我们可以做到的。

财务创造美好生活，爱财务，爱生活！

学员联名推荐

张金宝老师讲授的财务系列课程，通俗易懂，趣味生动，针对民营企业财务管理实践，落地性强。课程中的许多方法、技术和工具，对我们企业产生了实实在在的收益。其中大部分公司达到了利润提升20%以上（部分企业利润增长至400%以上）、财务税务风险大幅降低、现金流明显增加的效果。同时也建立了自己企业的管理"驾驶舱"和内部管理报表体系，能够轻松阅读财务报表，打通财务与业务的壁垒，可以用财务来管理业务与经营，为企业从"小财务"到"大财务"升级提供了技术保障。

我们很高兴看到，张金宝老师将他的部分财税思维与工具著作成书，让更多的企业家受益，让他们在财务管控与财务体系建设方面走得更加稳健，实现企业经营利润持续增长。在此，我们向全国所有的民营企业家联名推荐此书！（以下排名不分先后）。

◇食品/餐饮

江苏小厨娘餐饮管理有限公司 财务副总 嵇小玲
保定诚信润和食品有限公司 总经理 韩 磊
北京乐食派餐饮管理有限公司 总经理 杨传华
北京明月三千里餐饮有限公司 总经理 许 红
北京漫水瑶食品有限公司 董事 李如成
南阳市志尊餐饮管理有限公司 总经理 何 勇
威海凯奇餐饮有限公司 总经理 姜朝霞

◇服装/纺织/服饰

北京汪小荷服装科技有限公司 总经理 陈玲玲
常熟市馨格家纺有限公司 董事长 陈玉梅
北京茜比国际服饰有限公司 高管 曾云凤
太仓市信逸纺织化纤有限公司 总经理 顾咏梅
淄博周村胜珍名品服饰有限公司 总经理 赵利祯
苏州华德纺织有限公司 总经理 伍允程
北京卓芮斯服饰有限公司 总经理 陈一阳
宁波东西芳家纺用品设计有限公司 总经理 林兴华
广州市乐一乐服饰有限公司 总经理 许全宏
绍兴柯桥实在纺织有限公司 总经理 唐华良
浙江真利纺织有限公司 总经理 翁森源

◇零售/贸易/服务

北京金鹏基业商贸有限公司 总经理 刘汫林
武汉市思维物资贸易有限公司 副总经理 张 娟
北京幸福超市 总经理 张荣耀
河南坦言律师事务所 总经理 张 文
南昌众德商贸有限公司（和胜）总经理 徐江丽
宁波摩多进出口有限公司 总经理 陈维真

北京冀鹏海丰瑞通工贸有限公司 总经理 李蓬勃
云南纸源工贸有限公司 总经理 杨 红
北京东财会计师事务所 总经理 许海营
武汉郸城驾校 总经理 王红梅
武汉宏达天地商贸有限公司 董事长 李仁林
宁波佳荣国际贸易有限公司 总经理 董建伟
温州汉臣商贸有限公司 董事长 周胜燎
武汉纽瑞德贸易有限公司 总经理 刘 燕
莱芜市金凤城商贸有限公司 总经理 亓宏学
绍兴柯桥东帛进出口有限公司 总经理 金 燕
北京博思伟业机电贸易有限公司 总经理 陈洪艳
济南众康商贸有限公司 董事长 王庆彦
青岛宝丰投资集团有限公司 董事长 孙岐彬
湖北安嘉置业投资咨询有限公司 总经理 都 军
合肥香街商业经营管理有限公司 董事长 魏宜江
扬州凯来旅游用品有限公司 总经理 杭伟琴
昆明美之美容化妆品有限公司 总经理 张志国
重庆云顶溶洞景观设计有限公司 总经理 陈志敬
济南聚丰科工贸有限公司 总经理 王君国
内江市双安机动车驾驶员培训学校 董事长 李雨征
厦门见福连锁管理有限公司 副总经理 于兴军
威海方正国际集团 总经理 于春晓

◇教育/培训/文化/艺术

北京东方盈石文化资产经营有限公司 总经理 李 逸
长沙到位文化传播有限公司 董事长 梁 影
南通弘文图书发行有限公司 董事长 朱明光
北京百思传媒集团 董事长 王 昆

泉州艺龙美术工艺有限公司 董事长 巫英龙
◇医药/医疗器械/保健
北京智航达医疗器械有限公司 总经理 李 丽
淄博众信（德仁）口腔 总经理 宋明文
北京创立科创医药技术开发有限公司 总经理 和 芳
河北和亚医疗器械贸易有限公司 总经理 迟明艳
石家庄以岭药业股份有限公司河南分公司 董事长 张 辉
广州广众医药科技有限公司 总经理 李林华
山东一诺医疗器械有限公司 总经理 李 雯
桂林漓峰医药用品有限责任公司 总经理 王进英
重庆大安健康管理有限公司 总经理 邹 锐
◇科技/计算机信息技术/通信/系统集成
华鸿汇德（北京）信息技术有限公司 总经理 唐常芳
北京信普达系统工程有限公司 高管 徐 鲲
天识科技有限公司 总经理 呙 平
武汉恺慷科技发展有限公司 财务经理 桂智华
贵州揽丰科技有限公司 董事长 熊宝玲
贵州山子信息技术有限公司 财务总监 欧阳小辉
江西东森科技发展有限公司 总经理 吕正和
安徽中视网络科技有限公司 副总经理 夏厚萍
山西恒瑞通科技开发公司 董事长 温志刚
武汉稳健科技有限公司 总经理 钟夏蓉
上海石易电子科技有限公司 董事长 王长军
河南中年宇发通信有限公司 总经理 娄 娄
潍坊奥博仪表科技发展有限公司 总经理 郭宣杰
山东潍科软件科技有限公司 总经理 刘效伟
南京凯蒙德信息技术有限公司 董事长 朱 蕾

东莞市维斗电子有限公司 总经理 钟木生
湖北恒盛商盟信息技术有限公司 总经理 吴 炎
南京东鼎生物科技有限公司 总经理 陈海涛

◇建筑/建材/装饰/工程/机械

重庆市鑫格建筑工程有限公司 财务副总 陈伦华
天津大港建筑设计院 副总经理 杨 丽
陕西林青装饰有限责任公司 总经理 黄林清
哈尔滨群利佳建材有限公司 总经理 卫 超
武汉润域建筑装饰工程有限公司 总经理 黄慧明
贵州福恒建筑工程有限公司 会计 周 英
浙江省普陀地基基础工程有限公司 总经理 董雪峰
云南群益土石方工程有限公司 高管 濮 瑗
浙江银建装饰工程有限公司 财务副总 沈文琴
武汉俊华时代装饰工程有限公司 董事长 肖春娥
重庆可基混凝土有限公司 总经理 赵应容
义乌市肯杰饰品有限公司 总经理 刘 逸
江苏南通三建建筑装饰有限公司 总经理 花志华
垦利县水利工程公司 总经理 吕景敏

◇生产/加工/制造

山东鲁铭高温材料科技有限公司 副总经理 李宝荣
河北金沙河面业集团有限责任公司 高管 闫小丽
郑州利生科教设备有限公司 总经理 刘妍鹤
奇业（南京）游乐设备有限公司 总经理 石春平
重庆市渝联制冷工程有限公司 总经理 张 燕
苏州仁和商用设备有限公司 总经理 陈文元
山东宇虹新颜料股份有限公司 行政总监 陈 雪
重庆科发表面处理有限责任公司 总经理 廖年红

湖南德沃普电气股份有限公司 财务总监	刘启红
常熟市源昌经纬编有限公司 董事长	王兴元
常熟市欣鑫经纬编有限公司 总经理	黄忠清
泉州市鲤城区展鸿自动化设备有限公司 总经理	杨其建
济南阿波罗甲壳素肥业有限公司 总经理	李向群
无锡钜泽不锈钢有限公司 董事长	魏育松
杭州联超机电有限公司 总经理	周忠琴
武汉现代橡塑技术有限公司 总经理	何抗生
常州环能涡轮动力股份有限公司 总经理	裴腊妹
福建省威尔陶瓷股份有限公司 总经理	林丽荣
青岛茂林橡胶制品有限公司 董事长	韩志刚
济南欧菲特制冷设备有限公司 总经理	邵长胜
西安瑞吉通讯设备有限责任公司 董事长	朱建平
湖南德沃普电气股份有限公司 总经理	刘平平
青岛海空压力容器有限公司 总经理	郑美燕
青岛三合山精密铸造有限公司 总经理	李明波
福州宏利兴包装有限公司 总经理	薛秋琴
新乡市长城机械有限公司 总经理	李长林
北京蓝畅机械有限公司 董事长	苑 军
温州市巨伦鞋业有限公司 总经理	孙 丹
云南英实化工有限公司 总经理	张冰琳
潍坊龙达锌业有限公司 董事长	王彦龙
烟台龙泉塑胶制品有限公司 总经理	宋致远
嘉兴超云金属制品有限公司 董事长	王丽燕
北京永创通达机械设备有限公司 财务总监	张利亚
山东三特能源有限公司 董事长	张建国
北京富雷实业股份有限公司 总经理	陈 波

成都新志实业有限公司 董事 张跃富
河北珠峰铁塔公司 总经理 刘文彬
德州金亨新能源有限公司 董事长 韩荣涛
合肥和裕达塑业有限公司 会计 宣 珂
内蒙古维克多利纸业有限股份公司 总经理 刘绅礼
◇家居/家具
重庆高联办公家私有限公司 副总经理 熊开伟
重庆典雅集团家具制造有限公司 总经理 黄翠芝
绍兴齐天下家居 总经理 包双玲
◇汽车/摩托车/交通运输
龙铁纵横轨道交通科技股份有限公司 总经理 朱功超
浙江康桥汽车工贸集团 总经理 赵红丽
广州市凤林汽配有限公司 财务经理 龚信庆
江西运众汽车销售有限公司 总经理 李文斌
赣州同益汽车销售服务有限公司 总经理 肖建华
杭州一汽备品零部件有限公司 董事长 俞招娣
南通苏禾车灯配件有限公司 总经理 王玉忠
镇江顺达汽车销售服务有限公司 副总经理 沈爱娟
◇房地产/物业
广州市金点物业管理有限公司 总经理 宋方玲
秦皇岛佳美物业有限公司 总经理 王 成
山东潍坊方程工程有限公司 总经理 李良山
陕西万昂建设有限公司 董事长 张成宇
青岛环球集团股份有限公司 总经理 管阳春
潍坊路桥开发有限公司 董事长 周传斌